LOUVORES E VOTOS DE ESPERANÇA
PARA ESTE NOVO MILÊNIO

ORAÇÕES *para* MIL ANOS

Elizabeth Roberts
Elias Amidon (orgs.)

LOUVORES E VOTOS DE ESPERANÇA
PARA ESTE NOVO MILÊNIO

ORAÇÕES *para* MIL ANOS

Tradução
ALÍPIO CORREIA DE FRANCA NETO

Ilustrações
KATHLEEN EDWARDS

EDITORA CULTRIX
São Paulo

Título do original:
Prayers for a Thousand Years

Copyright © 1999 Elizabeth Roberts e Elias Amidon.

Publicado mediante acordo com a HarperSanFrancisco, uma divisão da HarperCollins Publishers, Inc.

Os agradecimentos pela permissão de transcrição dos diversos textos que formam este livro, com os respectivos copyrights, estão na página 363 e seguintes.

Todos os direitos reservados. Nenhuma parte deste livro pode ser reproduzida ou usada de qualquer forma ou por qualquer meio, eletrônico ou mecânico, inclusive fotocópias, gravações ou sistema de armazenamento em banco de dados, sem permissão por escrito, exceto nos casos de trechos curtos citados em resenhas críticas ou artigos de revistas.

Edição	Ano
1-2-3-4-5-6-7-8-9	99-00-01-02-03-04

Direitos de tradução para o Brasil
adquiridos com exclusividade pela
EDITORA CULTRIX LTDA.
Rua Dr. Mário Vicente, 374 — 04270-000 — São Paulo, SP
Fone: 272-1399 — Fax: 272-4770
E-mail: pensamento@snet.com.br
http://www.pensamento-cultrix.com.br
que se reserva a propriedade literária desta tradução.

Impresso em nossas oficinas gráficas.

Este livro é dedicado aos nossos amigos e mentores:

Sulak Sivaraksa,
    advogado Thai na defesa dos direitos humanos,

Oscar Motomura,
    empresário brasileiro e homem de visão,

Murshida Sitara Brutnell,
    líder espiritual do Caminho Sufi.

SUMÁRIO

Agradecimentos 13
Conselho Honorário 15
Introdução 17

1. VISÕES DE ESPERANÇA 25

Arcebispo Desmond M. Tutu 29
Irmã Mary Goergen 30   David Abram 31
Rangimarie Turuki Rose Pere 31   Robert Muller 32
Rabino Zalman Schachter-Shalomi 33
Desmond Berghofer 35   John Daido Loori, Roshi 37
Nancy-Rose Meeker 38
Stephen e Ondrea Levine 39
Rev. Emilio Castro 40   Michael Ventura 41
Marianne Williamson 42   Gary Lawless 44
Daisaku Ikeda 44   Rachel Naomi Remen, M.D. 45
Gabrielle Roth 46   Jane Goodall 46
Joseph Jastrab 48   Joan Zakon Borysenko 48
Diane di Prima 49   Oriah Mountain Dreamer 51
Charlie Mehrhoff 53   Ed McGaa 54
Chath Piersath 55   Rick Fields 57   Joseph Richey 58
A. T. Ariyaratne 59   Palden Jenkins 59   Alicia Ostriker 60
Irmã Mary Ann Coyle 62   Irmão M. Basil Pennington 62
Simon J. Ortiz 63   Mary Oliver 64

2. O CORAÇÃO ABERTO A TUDO 67

Diane Ackerman 71   Ellen Bass 72
Mary de La Valette 73   Anne Hillman 74
Pauline Oliveros 74   Freya Mathews 75   Julia Esquivel 76
Dawna Markova 77   Jarvis Jay Masters 77
Jack Kornfield 78   Oscar Motomura 79
Thomas Moore 80   Tsvi Meidav 80
Bhiksuni Pema Chodron 81
Irmão Maximilian Mizzi 82   David Sluyter 83   Gary Soto 84
Mairead Maguire 85   Barbara Dilley 86
Salmo Vinte e Três das Freiras 86
Wayne Muller 87   Jeanette Berson 88
Hazel Henderson 89   James Broughton 90
Anne Parker 91   Marc Estrin 92   Rabia Terri Harris 93
Jim LaVallee 93   Chitcus 94   David Tresemer 95
Martin Palmer 96   John Taylor Gatto 97
Holly Near 98   Annie Dillard 100

3. ESTE MOMENTO NO TEMPO 101

Gurumayi Chidvilasananda 105
Irmã Eileen Haugh 106   Gene Keller 108   Mzwakhe Mbuli 109
Belleruth Naparstek 110   John Davis 111
Puran Perez 112   Janet Kahn 113   Rebecca Parker 114
Jane Hirshfield 115   Alma Luz Villanueva 116
Celeste J. Rossmiller 117   Daniel Abdal-Havy Moore 118
Martine Batchelor 119   Christopher Titmuss 120
Alan Senauke 121   José Reissig 122   Kiran Rana 122
Danielle LaPorte 123   Jerry Martien 124
Amy Uyematsu 125   Holly St. John Bergon 126
Kateri Damm 126   Wyatt Townley 127
Fred Ferraris 128   David Whyte 129   Coleman Barks 130

Sumário

4. A CRIAÇÃO DE COMUNIDADES DE PAZ 131

Irmão David Steindl-Rast 135   Federico Mayor 136
Bernice Johnson Reagon 137   Naomi Shihab Nye 138
Rolf Jacobsen 139   John Jacob Gardiner 139
Anwar Fazal 140   Pico Iyer 141
Abade Thomas Keating 143   Seyyed Hossein Nasr 143
Jay McDaniel 144   Pat Cane 145
Miriam Therese Winter 146   Margot Adler 147
Thomas Berry 148   Richard Doiron 149   John Robbins 150
Ram Dass 150   Alan Slifka 151
Xeque Mohammed Ahmad Surur 152
Reverendíssimo James Parks Morton 153
Hans Küng 154   Padmanabh S. Jaini 155
Rev. Ken Sehested 156   Bruno Manser 157
Philip Lane, Jr. 158   don Alejandro Cirilo Perez Oxlaj 159
Jocelyn Chaplin 161   Sobonfu e Malidoma Somé 161
Karen Holden 162   Thomas Yeomans 163
Hillel Schwartz 164

5. ÀS CRIANÇAS 165

Joanna Macy 169   Noah Frank 170   Mary E. Hunt 171
Kristi Venditti 171   Pauline E. Tangiora 173
Rev. Betty Pingel 173   Steven Foster 175   Damia Gates 175
Angeles Arrien 176   Anthony Piccione 177
Rev. Meg Riley 177   Sonsyrea Tate 178   Tony Campolo 178
Mitch Friedman 179   Marie Smith Jones 180
Marian Wright Edelman 181   Kaila Spencer 182
Nadja Awad 183   Phoebe Ann Jones 183
Fundo de Defesa da Criança 185
Naomi Mattis 186   A. J. D. 187
Ishmael Beah 187   Murshida Sitara Brutnell 188
Jeanetta Calhoun 188   Gunilla Norris 189

Ursula K. Le Guin 189
Michelle T. Clinton e Rev. G. Collette Jackson 190
Joy Harjo 191 Nicole Thibodeaux 193 Gary Snyder 193

6. ESTA TERRA SAGRADA 195

Mary Vineyard 199 David Brower 199
Joseph Bruchac 200 Alice Walker 202
James Bertolino 203 Libby Roderick 204
Irmã Miriam MacGillis 205 Judith Billings 207
Chellis Glendinning 208 Henrietta Mann 209
Nancy Jack Todd 211 Rosemary Radford Ruether 211
Elizabeth Dodson Gray 212 Andrew Schelling 213
Diann L. Neu 215 Starhawk 216 Marilyn Krysl 217
Daniel Quinn 218 David Chorlton 220
Jeff Poniewaz 220 David Suzuki 223
Irmã Mary Rosita Shiosse 224 Stephanie Mills 225
Maria Mazziotti Gillan 226 Alberto Villoldo 227
David D. McCloskey 229 Howard Nelson 231
Sua Santidade o Patriarca Ecumênico Bartolomeu I 232
Laurel Olson 233 Terry Tempest Williams 234
Deena Metzger 235

7. ORAÇÕES DE SOLIDARIEDADE E JUSTIÇA 237

Nelson Mandela 241 Margaret Randall 242
Sua Santidade o Décimo Quarto Dalai Lama 243
Lech Walesa 244 Leonardo Boff 245
Arvol Looking Horse 248 Sulak Sivaraksa 249
Parker Palmer 250 Masika Szilagyi 250
Ysaye M. Barnwell 252 Elayne Clift 253
Arcebispo George L. Carey 254
Rev. Daniel Martin 255 Marianne Larsen 257

Sumário

Robin Morgan 258   Rev. Alan Jones 260
Clinton M. Marsh 261
Oração Luterana do Século XX 262
Betty Williams 263   Pat Dodson 264
Steve Allen 265   Capitão Paul Watson 266
Rafael Bordao 268   Plum Village Community 269
Wanda Coleman 271   W. S. Merwin 274
Judy Chicago 275

8. REFLEXÕES SOBRE POLÍTICA, ECONOMIA E MORAL 277

Riane Eisler 282   Aung San Suu Kyi 282
Benjamin R. Barber 283   Václav Havel 285
Juan Antillon Montealegre 285
Brian Tokar 287   Wangari Maathai 289   Susan J. Clark 289
Sandra Postel e Christopher Flavin 290
Gigi Coyle 290   Marion Rockefeller Weber 291
Peter Lamborn Wilson 291   Irving Sarnoff 292
Rev. Finley Schaef e Elizabeth Dyson 293   Karan Singh 294
Robert Lehman 294   Chandra Muzaffar 295
David C. Korten 296   Vanessa L. Ochs 297
Noam Chomsky 298   Winona LaDuke 299
Chefe Oren Lyons 301   Rabino Michael Lerner 302
Miguel Grinberg 303
Corinne McLaughlin e Gordon Davidson 304

9. PARÁBOLAS DO NOSSO TEMPO 307

Richard Deats 311   Rae Sikora 313
Frederick Franck 314   Sylvia Boorstein 315
Peter Matthiessen 316   Arun Gandhi 317
Rabino Rami M. Shapiro 318   Derrick Jensen 319
Harald Gaski 321   Franklin Burroughs 321

Sumário

Rev. Alla Renée Bozarth 323
Matthew Fox 324   Phil Cousineau 326   Onaubinisay 328

10. NÓS, O POVO 333

Preâmbulo à Carta Constitucional das Nações Unidas 338
Preâmbulo à Declaração Universal dos Direitos Humanos 339
Declaração das Nações Unidas dos Direitos da Criança 340
Declaração de Kyoto 343
Declaração de Mount Abu 344
Preâmbulo aos Princípios de Justiça Ambiental 345
Declaração dos Povos da Terra 346
Preâmbulo da Declaração sobre uma Ética Global 348
Declaração de Beijing 352   Carta Constitucional da Terra 353

Índice de Autores 357
Agradecimentos 363

AGRADECIMENTOS

"Dêem graças e façam louvores!"

BOB MARLEY

Obrigada acima de tudo ao Espírito Único da Graça por este livro!
Obrigada às árvores que ofereceram o tronco em sacrifício para estas páginas!
Obrigada aos caminhões que os transportaram!
Obrigada às impressoras,
aos almoxarifes nos depósitos e aos livreiros!
Obrigada a você, leitor generoso!

Obrigada às muitas almas que enviaram orações, poemas e histórias:
eles são invocações para um novo milênio
convocando as coisas que amamos.
Obrigada a você, por saber que isso é importante.
Independentemente de o seu escrito ter sido ou não publicado aqui,
você participou desse processo de criação,
dessa canção milenar, ecoando séculos a fio.
Graças e louvores!

Obrigada a Ruth Merriman, que fez as coisas acontecerem — os faxes, os telefonemas, a correspondência e os arquivos — que reuniu tudo em companhia de espíritos benignos e infalíveis, abençoando a nós e ao projeto com a sua constância. Obrigada a Joe Richey, poeta, editor e tradutor, por sua generosidade e talento, e por difundir nosso chamado na América Latina e no mundo dos poetas. Obrigada à guarda florestal e romancista Pat Walsh, por convidar líderes espirituais e nativos, ambientalistas e professores, enquanto estava salvando o hábitat das marmotas. Obrigada a Amy Bright, por levar o chamado aos jovens e a seus mestres de modo tão entusiasmado; a Staci Caplan, por supervisionar os malotes com espírito de alegria, e a Ben Levi, por conservar a nossa saúde e a de nossos computadores.

Somos particularmente gratos a nossos editores, John Loudon e Karen Levine, por seu compromisso com este projeto e pela gentileza que demonstraram. Obrigada também a Judy Durham e a Terri Leonard da HarperSanFrancisco, a nossos agentes, Michael Carlisle e Matt Bialer e a Donna Gianoulis e Danielle La Porte, da The Next Level, por nos ajudar a navegar por águas desconhecidas.

E obrigada uma vez mais a Michael Baier, amigo, escritor e bom contador de anedotas, por acreditar em nós. Este livro não existiria sem ele.

Por fim, gostaríamos de fazer um agradecimento especial a cada uma das mulheres e homens do Conselho Honorário. Eles compreenderam o poder da invocação, cederam seus bons nomes em solidariedade ao projeto, aconselharam-nos conforme suas possibilidades e partilharam conosco seus contatos e endereços. A vida e o trabalho dessas pessoas são testemunhos do espírito das *Orações para Mil Anos*.

Elizabeth Roberts e Elias Amidon
Colorado, 1999

CONSELHO HONORÁRIO

Dr. Angeles Arrien
Dr. Ysaye Barnwell
Dra. Joan Borysenko
David Brower
Ellen Burstyn
Bhiksuni Pema Chodron
Larry Dossey, M.D.
Venerável Maha Ghosanada
Bernard Glassman, Roshi
Dra. Jane Goodall
Dra. Joan Halifax
Dr. Vincent Harding
Dr. Jean Houston
Abade Thomas Keating
Jack Kornfield
Bispo Labayan
Winona LaDuke
Arvol Looking Horse
Chefe Oren Lyons

Wangari Maathai
Dra. Joanna Macy
Deão James Parks Morton
Oscar Motomura
Dr. Robert Muller
don Alejandro Cirilo Perez Oxlaj
Dra. Bernice Reagon
Rachel Naomi Remen, M.D.
Dra. Rosemary Radford Ruether
Rabino Zalman Schachter-Shalomi
Malidoma e Sobonfu Somé
Irmão David Steindl-Rast
Gloria Steinem
Achaan Sulak Sivaraksa
Arcebispo Desmond Tutu
Abdurahman Wahid
Jim Wallis

INTRODUÇÃO

Qualquer coisa que amemos pode ser salva.

ALICE WALKER

Orações para Mil Anos é um testamento ao que amamos neste mundo. Uma expressão do que queremos salvar e invocar para as gerações que nos sucederão. As orações, bênçãos, alertas e reflexões que compõem este livro foram oferecidos por pessoas de diversas crenças e culturas em louvor de nossa entrada mútua no terceiro milênio da era comum (Era Cristã). Eles representam um testamento de esperança numa época assolada pelo medo e pela incerteza — um testamento passível de ser transmitido nos séculos por vir, se nos lembrarmos de sua mensagem.

A grande maioria dessas orações foi escrita especificamente para este livro. Todos os autores representados aqui estão vivos neste momento histórico, e são representantes das nossas gerações que ora transpõem juntos o limiar do milênio.

Este livro, contudo, é mais do que um "brinde" coletivo ao mundo às vésperas do Novo Milênio. Os temas duradouros cantados por esse coro de vozes ressoarão pelos anos do novo milênio como expressões do que mais nos importa — a justiça, o amor, a piedade, a democracia, a beleza, a comunidade e a gratidão. Mas, acima de tudo — a *vida*! Aqui, as vozes entoam cânticos à ressurreição recorrente da vida a partir do medo e do ódio. Cantam a esperança em face de todas as tragédias que nós, seres humanos, causamos a nós mesmos. E solicitam de nós que lembremos. Lembremos o que faz a vida ser digna de ser vivida. Lembremos que cuidar do bem-estar dos outros equivale a cuidar de nós mesmos. Lembremos que este mundo maravilhoso, nosso lar, é sagrado.

A virada do século e do milênio é uma época apropriada para evocar esses lembretes.

QUAL O SENTIDO DO MILÊNIO?

O "momento do milênio" e o próprio milênio são fenômenos da imaginação. São e serão o que deles fizermos. Não existe nenhum relógio cosmológico que marque a virada do segundo milênio da era cristã para o terceiro, não há nenhum acontecimento astronômico, nenhum coro de anjos. Trata-se, na verdade, de um momento criado pela arbitrariedade e baseado em geral (mas não exatamente) no nascimento de Cristo dois mil anos atrás. Enquanto há outros sistemas contemporâneos de calendário em uso — mais notadamente o islâmico, o hebraico, o budista e o chinês — a "era comum" tornou-se um padrão aceito de modo generalizado com vistas à cooperação internacional. Nessa condição, a contagem de seus ciclos repercute mundo afora, lembrando-nos de nosso trabalho conjunto, do drama em andamento das comunidades de nações que procuram viver em harmonia no mesmo planeta. A virada do milênio tornou-se uma ocasião para as pessoas em todo o globo considerarem o longo movimento das eras à proporção que começamos a contar juntos um "novo" período de tempo a se estender mil anos à frente.

Mil invernos. Mil primaveras. Implícitas nessa contemplação do tempo estão muitas perguntas provocadoras: o que o próximo milênio reserva aos humanos e a toda a vida na Terra? Será que a vida humana num dia ignorado realizará nosso potencial espiritual e criativo, ou será que esse mundo se tornará um lugar mecanizado e desumano, regido pelo medo e pela opressão? O que esperamos seja verdadeiro? O que estamos dispostos a fazer para chegar à verdade?

Na virada do milênio mil anos atrás, os europeus se sentiram muito angustiados em função do fim do mundo iminente. Semelhante sonho de apocalipse parece perturbar a civilização pós-moderna — haja vista o grande número de filmes e livros que descrevem desastres naturais do tipo do Armagedon, invasões de extraterrestres e guerras de aniquilação total. Para muitas pessoas, sobretudo jovens, a fé no futuro anda perdendo a força. Atravessamos o final de um século turbulento de mudanças e guerras, uma época que desperta sentimentos de angústia e cinismo generalizados; contudo, um tempo como este também evoca dentro e ao redor de nós a oportunidade para a esperança e para a ação piedosa. Somos intimados a ser *mais* humanos — ou, como expressou Abraham Lincoln, a ser "os melhores anjos de nossa natureza" — a manifestar nosso potencial para a tolerância, o respeito e a gentileza. É esse chamado que ouvimos nas vozes deste livro.

COMO ESTE LIVRO SURGIU

Por quase uma década, nós, os organizadores, dirigimos pequenos grupos de homens e mulheres no Great Basin Desert, em Utah, a fim de que eles passassem pela experiência da solitude de concentração espiritual em períodos de três e quatro dias. Durante esse período de solidão, as pessoas têm a oportunidade de contemplar o sentido e os rumos de sua vida. Essas experiências são ritos de passagem modernos para pessoas de todas as idades — adultos que entram na meia-idade, jovens na faixa dos dezoito anos, pessoas prestes a se casar ou a se divorciar, pessoas que pensam em mudar de carreira ou que deparam com uma doença que lhes ameaça a vida. No decorrer do tempo, aprendemos que os ritos de passagem de mais força e êxito são orientados por uma *profunda articulação da intenção*. "Por que está fazendo isso?", perguntamos. "O que está buscando?", "Para que você quer que rezemos, enquanto se senta sozinho aí?" Essas perguntas acarretam respostas sempre mais complexas. Quando as coisas são difíceis durante o período de solidão — quer devido às tempestades de vento ou chuva, à fome ou à própria solidão — cada pessoa se vale de sua própria intenção expressa, a "oração original" que lembra os participantes por que eles estão ali e o que estão buscando compreender em sua existência.

Certa feita, percebemos que a abordagem do momento do milênio representava, em escala global, um rito coletivo de passagem. Como todos estamos cansados de saber, o ritmo das mudanças culturais, tecnológicas, políticas e psicológicas sobrecarrega as pessoas e as sociedades em toda parte. As culturas estão sendo obrigadas a abrir mão das formas ultrapassadas do ser e a penetrar num estágio do "limiar", uma época de desconhecimento e gestação, enquanto as sementes de nosso futuro coletivo deitam raízes. A experiência histórica deste momento do milênio pode abranger várias décadas. É a época, como são todos os ritos de passagem, de pararmos e perguntarmos a nós mesmos o que valorizamos no passado e o que queremos invocar para os anos que estão por vir. É época de nos abrirmos à inspiração e às orientações que talvez nunca tenhamos imaginado.

Com tal compreensão surgiram os primeiros esboços deste projeto. Depois de selecionarmos dois volumes anteriores de orações de todo o mundo — *Earth Prayers* (1991) e *Life Prayers* (1996) — sabíamos que o processo seria a um só tempo fascinante e difícil; mas não tínhamos idéia de que iríamos deparar com o apoio e o estímulo que recebemos. Este projeto comoveu profundamente as pessoas — pessoas de diversas culturas e crenças religiosas. Em pouco, formamos um Conselho Honorário de líderes renomados e professores (ver página 15) que deram sua bênção ao projeto.

Enviamos nosso convite a mais de três mil pessoas em todo o mundo. Em cada carta, incluímos estas palavras:

A energia de nossas visões e intenções pode soprar como um vento em todo o próximo milênio, influenciando a imaginação e o comportamento de quantos vierem depois de nós. Se imaginarmos que há uma chance de que nosso povo — todo o povo — um dia possa aprender a viver na beleza e na gentileza de uma pessoa para com a outra, e com relação ao restante da vida na Terra, poderemos perguntar: para que dirigiríamos nossas orações atualmente, neste momento crucial da história, a fim de ajudar a invocar esse futuro possível?

Esses convites, para que a pessoa participasse com o envio de uma oração escrita ou uma mensagem para o futuro, abriram caminho até o escritório de presidentes e primeiros-ministros, ao corredor da morte na prisão de San Quentin, a uma classe de crianças em New Hampshire, a um ex-combatente de quinze anos em Serra Leoa, poetas na América Latina e a antigos nativos do Canadá, bem como a freiras católicas na China e a ambientalistas na Califórnia. Estávamos à cata de pessoas cujo amor pelo mundo fosse mais forte do que o seu desapontamento.

Depois de enviados os convites, durante a maior parte do ano nossa caixa do correio, nosso fax e nosso *e-mail* receberam a bênção de uma corrente contínua de orações, reflexões filosóficas, poemas, orientações e conselhos — mais de 1.400 envios ao todo. Ler essas ofertas a cada dia foi uma experiência emocionante; enquanto o noticiário trazia histórias de assassinato, guerra, injustiça, poluição e ignorância, nossa caixa do correio nos trazia histórias da fé das pessoas e da sua determinação de ir além da desconfiança própria às diferenças.

Ao fim e ao cabo, cerca de dois terços dos envios nos chegaram de países de língua inglesa; no entanto, mesmo com es-

Introdução

sa resposta maciça em termos de cultura, as seleções neste livro são notadamente diversas. Há mensagens de 31 países dos seis continentes. Há orações de cristãos, judeus, muçulmanos, hindus, budistas, jainistas, taoístas, confucionistas, maias, maoris, africanos, sioux, eyak, aborígenes australianos e muitos outros grupos étnicos e religiosos.

O processo final de seleção foi difícil. Muitas orações belíssimas tiveram de ser deixadas de lado por falta de espaço, ou porque repetiam temas abordados por outras. A pouco e pouco, a estrutura das dez partes do livro aflorou do próprio material. E agora o livro que o leitor tem nas mãos conserva as vozes fortes desses homens e mulheres, conserva-lhes as aspirações para um mundo mais justo e belo. É a sua dádiva ao leitor e a todos nós. Possam eles ser ouvidos!

COMO USAR ESTE LIVRO

O leitor pode experimentar ler uma dessas orações antes de cada refeição, como uma forma de dar graças. Pode ler uma de manhã, a cada dia, quando se levantar. Pode lê-las no Natal ou no Hanukkah, na Páscoa ou no Dia de Ação de Graças, bem como nos solstícios e equinócios, ou em outros feriados religiosos ou seculares, a fim de conclamar as profundas aspirações da família humana. Evidentemente, as orações se prestam perfeitamente para concentrar as intenções durante os muitos períodos de comemoração do milênio que ocorrerão durante o momento do milênio — os anos 1999, 2000 e 2001.

Estas, contudo, são orações para *mil* anos, não apenas para três anos. Nós, seres humanos, precisamos muito que nos lembrem. Nas páginas seguintes, poderemos encontrar pedras de toque que nos ajudarão a lembrar o que nosso coração conhece mas nós nem sempre conseguimos expressar.

Este livro pode ser lido em silêncio, o seu sentido exercendo influência sobre você nesse silêncio; todavia, a maior parte das palavras escritas ora publicadas pode ser dita em voz alta. Ao dizê-las em voz alta, ligamo-nos às tradições orais muito mais antigas do que a palavra escrita — à tradição oral da poesia e do cântico, da parábola e da canção que orientaram nossos ancestrais por milênios antes de nós. Nossa esperança é que essas orações, paralelamente a outras como elas, sejam ditas e partilhadas onde quer que as pessoas se reúnam para trabalhar por um mundo melhor.

Mais importante ainda é que, ao pronunciar essas palavras em voz alta, você lhes confere vida. Pois, quer sejam poesia ou prosa, quer sejam religiosas ou seculares, essas mensagens são "orações" no sentido fundamental da palavra — ou seja, formas de se "rogar". Algumas rogam a Deus ou a Buda, a Alá ou a Krishna, mas decerto todas rogam alguma coisa de nós. Rogam que despertemos. Que ouçamos. Que sejamos amáveis. Pronunciadas em voz alta, vez ou outra apenas sussurradas, elas logram certa intimidade capaz de nos influenciar a todos. Faça uma experiência. A comunhão que elas oferecem é o âmago da comunicação real e da comunidade solícita.

Parte 1

VISÕES *de* ESPERANÇA

*E tudo estará bem
e tudo estará bem
e todo tipo de coisa estará bem.*

JULIANO DE NORWICH

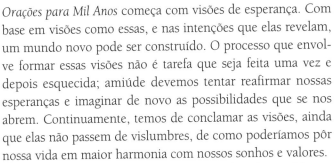

Orações para Mil Anos começa com visões de esperança. Com base em visões como essas, e nas intenções que elas revelam, um mundo novo pode ser construído. O processo que envolve formar essas visões não é tarefa que seja feita uma vez e depois esquecida; amiúde devemos tentar reafirmar nossas esperanças e imaginar de novo as possibilidades que se nos abrem. Continuamente, temos de conclamar as visões, ainda que elas não passem de vislumbres, de como poderíamos pôr nossa vida em maior harmonia com nossos sonhos e valores.

As orações na Parte 1 concentram-se além dos problemas imediatos e reais de nossa época, e oferecem imagens da esperança que nos apoiarão na jornada mais longa; mas essa esperança não é nenhum tipo de sentimentalismo ingênuo. Os homens e as mulheres que oferecem suas orações nesta seção testemunharam o sofrimento causado pelo medo, pela cobiça e pela raiva, e mergulharam fundo neles mesmos e em nossa condição humana comum a fim de encontrar a recuperação e a paciência. "Estou cheio de esperança com relação ao futuro", escreve o arcebispo Desmond Tutu. "Apesar de haver muita coisa contrária a isso, o mundo está se tornando um lugar mais dócil e seguro." Esse é um otimismo radical. E ele nos anima, dá-nos coragem para perseverar no trabalho que nos chama.

Visões de Esperança

Nas palavras do arcebispo, chama a atenção a frase "apesar de haver muita coisa contrária a isso". Ela revela uma qualidade importante da esperança não-sentimental: não está cega aos aspectos mais sombrios de nossa natureza. Enquanto olhamos o espelho do milênio, temos de admitir que a espécie humana é capaz de nobreza e horror. Não podemos ignorar esse horror e fingir que tudo está bem enquanto adentramos o futuro. Estamos conscientes de que carregamos conosco nossas falhas a par de nossos sonhos; no entanto, esse conhecimento não nos tem de paralisar com presságios nem com o desespero. Nosso destino individual e o destino da vida na Terra não estão selados de maneira nenhuma. As grandes tradições espirituais do mundo compreendem isso, e cada uma à sua maneira procura revelar a esperança e o sentido em meio às profundas mudanças vividas por todas as sociedades.

As visões mais instigantes oferecem imagens que podemos *ver* com os olhos da imaginação. As verdadeiras visões não são simplesmente idéias nem metas a ser alcançadas; trazem em si camadas de significação e intenção que se comunicam mais diretamente do que um projeto de cinco anos para a comunidade. Ouçamos aqui um jovem cambojano, Chath Piersath, orando pelo seu país aniquilado pela guerra:

> Haverá parques em vez de zonas de guerra.
> Haverá mais escolas em vez de bordéis e boates.
> As crianças cantarão canções de alegria em vez de horror.
> Aprenderão a interpretar o amor em vez do ódio.

Essas imagens comunicam uma visão que nos sensibiliza e motiva. O novo mundo que construirmos nascerá dos vislumbres que cada um há de ter de um mundo mais justo e belo, fazendo-se passo a passo. Para facilitar essa criação, precisamos abrir mão de idéias preconcebidas do que é possível ou rotineiro, e aceitarmos imaginar que nossos sonhos mais profundos se tornam realidade. "Em toda parte, a transformação terá um aspecto diferente", diz-nos Bill McKibben, "assim como a primavera se manifesta em cada canto com sinais e vestígios um pouco diferentes."

Tal é nossa tarefa: ousar criar a visão de um amanhã mais justo e belo, e contentar-se com os modos variados com que a primavera floresce em nosso mundo. As vozes que se ouvem na Parte 1 antecipam a chegada da primavera, assegurandonos serenas de que "tudo estará bem, e tudo estará bem, e todo tipo de coisa estará bem".

* * *

Recorde o lugar de onde viemos.
O caminho era por vezes uma estrada livre de alegria,
Outras vezes, um despenhadeiro e uma estrada tortuosa de
    pedras e dor.

Como é possível conhecer a alegria sem o pesar?
Como fazer face ao sofrimento, a não ser que nos aqueçamos
E sejamos transportados no colo de Deus?

Somos os Seus filhos, criados à Sua imagem, feitos para o amor e para o riso, para o carinho e a partilha. Estou cheio de esperança pelo futuro. Apesar de haver muitas coisas contrárias a isso, o mundo está se tornando um lugar mais dócil e seguro. Trata-se do mundo de Deus — Ele está no comando. Suas dádivas de bondade e gentileza, de razão e entendimento, de ciência e descoberta derramam-se sobre nós. Fiquem alegres com essas dádivas, usufruam-nas, partilhemnas, que esse novo milênio se tornará uma estrada de paz e prosperidade para todos.

Arcebispo Desmond M. Tutu
Arcebispo Emérito da África do Sul

* * *

O universo está prestes a completar 15 milhões de milênios.
A Terra está prestes a completar 4,5 milhões de milênios.
A vida está prestes a completar 4 milhões de milênios.
A raça humana está prestes a completar 2.600 milênios.
E nós estamos prestes a entrar no terceiro milênio.

Somos quem somos atualmente por causa de tudo o que existiu antes de nós. Trazemos em nosso corpo e em nosso espírito as batalhas e mudanças, as alegrias e tristezas, o amor e o ódio que aconteceram no decurso dos tempos.

Somos chamados para viver com o conhecimento e a percepção de que fazemos parte de tudo o que é, e de que nossas decisões têm um efeito sobre a qualidade de vida dos seres humanos. Somos chamados para viver essa união que existe entre todos os membros da criação. Somos chamados para pôr as mãos sobre a criação e falar-lhe em palavras e toques, dizendo-lhe o quanto é bela porque não se pode lembrar. Somos chamados para recordar a amabilidade de uns para com os outros, até que cada um de nós possa lembrar o amor, acreditar nele, viver nele.

Irmã Mary Goergen, O. S. F.
Assisi Heights, Minnesota

Visões de Esperança

Possa uma boa visão surpreender-me
    Possa uma visão benevolente se apoderar de mim e me mover
Possa uma visão profunda e plena sobrevir a mim,
    derramar-se ao meu redor
Possa uma visão luminosa me informar e envolver.
Possa eu despertar para a história à minha volta,
Possa eu despertar para a bela história.
Possa a história esplendorosa me encontrar;
Possa o ardor, que faz que brote o belo entre dois apaixonados,
    brotar belo entre meu corpo e o desta terra,
    entre minha carne e a desta terra,
    aqui e agora,
    neste dia,
Possa eu provar algo sagrado.

David Abram
Ecologista e autor,
Costa Noroeste da América do Norte

* * *

A Grande Baleia, Guarda do Registro dos tempos de outrora, dos de agora e do porvir, disse-me, na condição de um dos membros de sua família, que tudo o que existe, incluindo nossa Mãe Terra, tornará à perfeição que eles são, no céu mais proeminente e elevado. Agora, podemos celebrar a "Era das Águas Acalentadoras" que é o tempo que está por vir. Desse modo, Sejamos Esse Tempo!

Rangimarie Turuki Rose Pere
Te Pikinga Aio, Nova Zelândia

Visões de Esperança

Tenho um sonho... em primeiro de janeiro do ano 2000, o mundo todo vai parar a fim de rezar, assombrado e grato pela Terra celestial e bela e pelo milagre da vida humana.

Tenho um sonho... jovens e velhos, ricos e pobres, pretos e brancos, pessoas do Norte e do Sul, do Leste e Oeste, de todas as crenças e culturas, dar-se-ão as mãos, unirão a mente e o coração numa celebração universal sem precedentes dos dois mil anos de vida.

Tenho um sonho... durante o ano 2000, inúmeras celebrações e eventos ocorrerão em todo o mundo para uma avaliação da longa estrada palmilhada pela humanidade, para um exame de nossos erros e para planejar as festas a se realizar para o pleno florescimento da raça humana na paz, na justiça e na felicidade.

Tenho um sonho... a celebração do milênio será dedicada por todos os seres humanos, nações e instituições, ao pensamento, à ação, à inspiração, à determinação e ao amor sem paralelos, a fim de que se resolvam os problemas que ainda continuamos a ter e de que criemos uma família vivendo na paz e na união na Terra.

Tenho um sonho... declarar-se-á que o terceiro milênio será o Primeiro Milênio de Paz da Humanidade.

Robert Muller
Ex-Secretário Geral Assistente
das Nações Unidas, Chanceler Emérito,
United Nations University for Peace, Costa Rica

Fonte do Tempo e do Espaço,
Avinu Malkeyinu!

Do infinito traz a nós
A grande renovação
E nos sintoniza com a Tua intenção
Para que a sabedoria, Tua filha,
Flua em nossa consciência
E nos desperte, para vermos à frente
E ajudarmos em vez de causarmos dano.

Possam todos os recursos de que dispomos
Poupar e proteger a Tua criação

Ajuda-nos
A corrigir o que aviltamos
A curar o que tornamos enfermo
A tratar do que ferimos, a recuperá-lo.

Abençoa a nossa Terra, o nosso lar
E mostra-nos a todos como cuidar dela
Para que possamos viver a Tua promessa feita a nossos
    antepassados,
Viver dias de Paraíso
Bem aqui, nesta Terra.

Possam todos os seres
A quem moldaste
Tornarem-se conscientes de que és Tu
Que lhes deste a vida.

Visões de Esperança

Possamos compreender
Que Tu nos moldaste a vida
E possa cada ser respirante
Juntar-se a outros que respiram
No prazer do conhecimento partilhado
De que és a Fonte de todo o ar.

Ajuda-nos a aprender a como ser parceiros
De amigos, de vizinhos, da família.
Ajuda-nos a dissipar os antigos rancores.

Possamos louvar,
Mesmo naqueles a quem tememos,
A Tua imagem e forma, a Tua luz
Que lhes habita o coração.

Possamos breve vislumbrar o dia
Em que a Tua Casa na verdade
Será a Casa da oração aos povos todos,
Designados e celebrados
Em todas as línguas e discursos.
Nesse dia, serás uno
Bem como unido a toda Vida cósmica.

Amém!

Rabino Zalman Schachter-Shalomi
World Wisdom Chair, The Naropa Institute, Colorado

* * *

Por fim, chegamos a ela.
Minúsculo e frágil grão de pó interestelar.
Célula infinitamente pequena da vida cósmica.
Um tiquinho único de espera potencial para se liberar.
Como a primeira bactéria dando um salto para a vida,
A Terra mantém o equilíbrio, para exalar
O hálito da consciência humana
No vácuo escuro da solidão do espaço.
Um segundo Gênesis
Neste outro Éden.
Depois de quatro bilhões de anos de batalha evolutiva,
Uma nova síntese
Da consciência humana e universal.
Por fim, chegamos a ela.

Terreno não trilhado.

Quatro bilhões de anos
Para o aflorar da consciência,
Então, só mais quarenta mil
Para passar da caverna à torre alta,
Da pedra feita ferramenta para os robôs em linha de
     montagem.
Tudo isso, e ainda assim presos na dor territorial,
Surdos ao amor além da tribo,
E ensopando o chão com sangue em toda a terra.

Agora o chamado superior propugna por ser ouvido.
Em sua maior parte
A bulha e o balanço do baque e do ribombo
Ainda o inundam,
Enquanto a própria Terra
Treme um pouco mais
Ao peso desse fardo.

Visões de Esperança

Não confina nenhum clarão do novo.
O caminho da evolução jamais foi assim;
Mas sempre, nas margens recobertas do evento principal,
Os mudos mensageiros da busca se formaram,
Asseguraram sua força,
À espera de atuar, na luz.

Assim será de novo,
À medida que a pressão requeira à consciência
Ouça o chamado da altura,
E então se expanda, transforme e ao fim transcenda.

A não ser...
A não ser que a varredura do acaso apague tudo,
Porque não aprendemos a desempenhar o papel
Que nossa consciência criou para nós
E, como crianças curiosas, caprichosas,
Sem a mão do pai que as oriente
Tombamos no poço radiante e nos afogamos.

Assim, finalmente chegamos a ela.
Quer para moldar uma mudança de valor entre as culturas,
Substituindo a idéia de separação
Pela compreensão do tudo,
Quer para perder nossas conquistas por mão superior.

Por fim, chegamos a ela.

Desmond Berghofer
The Institute for Ethical Leadership, Canadá

* * *

Invoquemos nossos ancestrais,
   espirituais e genéticos.
Pois somos a única razão da existência deles.

Invoquemos as crianças
   e os filhos das crianças.
Pois que eles são a única razão de nossa existência.

Invoquemos as montanhas e os rios e a vasta terra
   e reconheçamos nossa intimidade e dependência mútua
Com respeito a todas as coisas sensíveis e insensíveis.

Ponderemos que a dádiva da vida
   é mais frágil que o rocio
sobre o gramado de manhã.

Depois, façamos a promessa —
A de curar e alimentar.
A de amar e repartir.
A de diminuir a dor e a escravidão.
A de fazer a paz e de alegrar-se
   com sensatez e compaixão.
Possam as futuras gerações considerar este século
   como o Grande Milênio da Primavera Eterna.

John Daido Loori, Roshi
Zen Mountain Monastery, Nova York

* * *

Visões de Esperança

A primavera
da época
chega em ternos brotos
de verde esperança
instigando através do desânimo.
Ventos cruéis sacodem
os nossos ramos assim como
a graça comovente
da florescência
explode em alegria.

A primavera de uma época
e a promessa

não são sem a tormenta e o abalo,

porém a certeza iluminada dos narcisos
pode nos manter firmes

até que a força do nosso amplo rio
esteja saturada
do verde sossego
do verão.

Nancy-Rose Meeker
Poeta, Canadá

* * *

Visões de Esperança

Há uma graça que se aproxima
e a que nos esquivamos como à morte.
Ela é a coroação de nosso nascimento.

Não vem no tempo, só no intemporal
quando a mente se afunda no coração
e nós nos lembramos de quem somos.

É uma graça persistente, que nos leva
até a beirada, e nos acena para que deixemos
a área segura e adentremos nossa enormidade.

Sabemos que temos de ir além do conhecimento
temendo o abrigo.

Não obstante, somos içados
    para o alto
através de fantasmas esquecidos
    e anjos inesperados
compreendendo que não há sentido
    em haver mais sentido

Nesta manhã, o universo dançou à sua frente
enquanto você cantava — pois que ele adora essa canção!

Stephen e Ondrea Levine
Professores e autores, Novo México

* * *

Visões de Esperança

Senhor, onde encontraremos a coragem de vislumbrar um novo começo? Das profundezas, Pai, Mãe, viemos a vocês. Em nossa confusão, clamamos a vocês... e de repente chegam as boas novas!

Vocês, que habitam os domínios celestiais, vieram até nós! Desprezaram a pequenez de nosso planeta e a natureza efêmera de nossa vida. Trata-se da graça pura, ilimitada! Nossos reveses humanos vocês tornaram seus, e agora anunciam uma nova manhã, um novo começo: "E vi a cidade santa, a Nova Jerusalém descendo dos céus de Deus... Vede: torno as coisas todas novas" (Apocalipse, 21:2, 5).

A visão do seu futuro nos abala de todo a frustração, nos abre os olhos para podermos discernir o Seu espírito. Por trás dos limites de nossas esperanças humanas, vocês estão em atividade. Um futuro diferente é possível. Essa fé nos orienta ao novo milênio como esperança e antecipação. Essa visão nos convoca, mobiliza, envia à obra para o futuro. É digno lutar pela justiça, trabalhar pela paz, anunciar a reconciliação, antecipar a realidade do mundo onde "De suas espadas forjarão relhas de arados, e de suas lanças, foices. Uma nação não levantará espada contra outra, e não se arrastarão mais para a guerra" (Isaías 2: 4). Entramos no futuro com a expectativa das surpresas que nos prepara o Espírito Santo. Entramos no milênio com a certeza, Ó Pai e Mãe, de que vocês estarão lá, à nossa espera. Nisso confiamos. Amém.

Rev. Emilio Castro
Ex-Secretário Geral,
World Council of Churches, Suíça

* * *

Entramos numa nova Idade Média, um tempo de pragas, fome, violência, disparidade extrema de classes e de fanatismo religioso — e também (como no fim da Idade Média) num tempo de descobertas e mudanças profundas. Um tempo em que é de importância premente, e amiúde perigoso, conservar os valores e o conhecimento — fomentar a visão de que a maior parte desse mundo louco não pode compreender nem tolerar.

O valor de ter um mapa interior do mundo do modo como é (não do modo como nos é transmitido) é este: ele nos possibilita saber que nossa tarefa é maior do que nós mesmos. Quando você opta, apenas em virtude de ser uma pessoa decente, é-lhe confiada a tarefa de transmitir algo de valor através dos tempos sombrios e de loucura — preservando a sua integridade a seu modo, por meio dos atos e da sua própria respiração quanto aos que hão de construir de novo quando este caos se exaurir a si mesmo. As pessoas que assumem o fardo de sua integridade são livres — porque a integridade é liberdade, e (como provou Nelson Mandela) sua força não se pode subjugar — mesmo quando o íntegro é posto a ferros. O futuro vive em nossos atos íntegros e individuais, por vezes sós, decerto vãos — caso contrário, ele não vive.

Michael Ventura
Autor, Califórnia

* * *

Querido Deus:

O mundo não é como deveria ser.
Há violência e fome e doença e sofrimento.
   Que as coisas morram, Deus amado.
Que nós possamos renascer.

Meu coração por vezes não é como devia ser.
Nele há conflito, rancor, ódio e implicância.
   Que essas coisas morram, Senhor.
Que eu possa renascer.

Enquanto embarcamos na novidade da era que se aproxima,
que a iniqüidade dos antigos
seja banida pelo Amor.
   Morra a maldade, Ó Deus.
Que nós possamos renascer.

Quando o irmão não vir
a beleza do seu irmão,
quando uma irmã não vir
a glória de sua irmã.
Quando um irmão não vir a inocência da irmã
e a irmã não vir o brilho do irmão.
   Morra a ilusão, Senhor,
Possamos renascer.

Despe este milênio
e as passadas eras
do desamor.
Só o amor resiste.
Perdoa o horror,
exalta a glória à vista,

Visões de Esperança

redime o passado,
liberta o futuro,
enxuga o pranto,
entrega-nos à alegria,
corrige o pensamento e torna
a nossa alma sadia.

Finde aqui o medo, Senhor,
que não sejamos mais quem éramos.
Liberta a Tua glória
que jaz em nós,
todo o mundo renasça após.
Esta é a minha prece
para a era que se aproxima.
Esta é a minha prece
para mim.

Amém.
Possamos renascer.
Amém.

Marianne Williamson
Autora e oradora, Califórnia

* * *

Rezamos pela sua saúde,
saudamos o mundo agitado
e seguimos a trilha para casa, cantando.

Nossas vozes se projetam
no futuro
nossa linguagem breve
uma migração de palavras,
a voz baixa da montanha,
vozes errantes de caribu, o vento,
as sementes que ele transporta,
todas as línguas perdidas errando
pelas estações, a lua e o sol,
errando pelos séculos,
vogando, a cada ano
a grama brota, os pássaros
começam a cantar,
o céu clareia
e vemos para sempre.

Gary Lawless
Poeta, Maine

* * *

Que o século vindouro seja um século de vida! Tem sido essa a minha oração; por isso hei de trabalhar até o meu momento final.

É clara a tendência da história: passar de uma era materialista a uma era do espírito, a um milênio da vida — este último uma era em que o respeito pela vida, pela sua dignidade e santidade fundamentais, é o modelo absoluto em comparação ao qual os outros valores relativos devem ser julgados.

Só um novo entendimento da vida — de sua infinidade e eternidade — pode servir como alicerce inabalável para uma era de felicidade a todos.

Só uma revolução humana, uma transformação nos recessos da vida de cada pessoa — da suspeita à crença, do ódio à fraternidade, do egoísmo ao amor pelo outro, do poderio à força verdadeira — podem realizar um novo século de vida.

Um século de vida! À luz do riso radiante, ao som de uma explosão de gargalhadas dos pais e filhos pelo mundo todo!

Daisaku Ikeda
Presidente, Soka Gakkai International, Japão

* * *

Possamos nos encontrar uns aos outros no silêncio entre as palavras.
Possamos curar a solidão de nossa perícia com a sabedoria de nossos préstimos.
Possamos honrar em nós mesmos e nas outras pessoas
   o impulso fundo e simples de viver,
      encontrar o espaço sagrado e a terra em campo aberto.
Possamos nos lembrar de que o anseio de ser santo faz parte de cada um
   a única esperança para os próximos mil anos.

Rachel Naomi Remen, M.D.
Autora, co-fundadora,
Commonweal Cancer Help Program, Califórnia

Visões de Esperança

Minha prece para o milênio é uma dança, uma dança selvagem e de êxtase, um verso de cadência e seiva e sopro e sangue.

É dança conduzida pelo espírito, abastecida pelo espírito. Embala-me no balanço do mundo, instando-me a dez mil formas. Perfaço o círculo da dança calma e lenta até as danças agitadas, como o *funk*. Como uma roda de oração, rodopio nos turbilhões do tempo; no tempo forte marcado pela mãe, no âmago sombrio da oração, fico embebida de mistério. E faço isso para você, para mim e para todos os que conhecemos, e também para quem não conhecemos. É a minha oferta.

Dentro da minha catedral de ossos, as minhas veias pulsam, minha pele tem pruridos com suor — o coração me bate, meu peito arqueja — e, por um momento, me lembro: Deus é a dança.

Gabrielle Roth
Autora, filósofa e agente de cura, The Moving Center, Nova York

* * *

Rezo pelo grande Poder Espiritual em que vivo, me movimento e tenho o meu ser. Rezo para Deus. Rezo para que conservemos sempre a mente aberta a novas idéias e para evitar os dogmas; para que possamos nos desenvolver em nossa compreensão da natureza de todos os seres vivos e de nossa unidade com o mundo natural; para que possamos nos tornar cada vez mais repletos da generosidade do espírito, da verdadeira piedade e do amor por toda forma de vida; para que possamos nos esforçar para curar as chagas que causamos à natureza e para controlar nossa cobiça por bens materiais, sabendo que nossas ações estão causando danos ao nosso mundo natural; para que possamos valorizar cada ser humano pelo que ele é, alcançando o espírito interior, tendo consciência do poder que cada pessoa tem de mudar o mundo.

Rezo para que possamos aprender a paz que advém do perdão e a força que auferimos do amor; para que possamos aprender a não ter certeza de coisa alguma nesta vida; para que possamos aprender a ver e a entender com o nosso coração; para que possamos aprender a nos unir em nosso ser.

Rezo para essas coisas com humildade; rezo por causa da esperança em mim, e por causa de minha fé no triunfo máximo do espírito humano; rezo por causa do meu amor pela Criação e por causa da minha confiança em Deus. Acima de tudo, rezo para a paz em todo o mundo.

Jane Goodall
Etnóloga, The Jane Goodall Institute, Maryland

* * *

Sente-se o fardo da dualidade em ambas as mãos; quando as unimos no gesto da oração, suportamos todo o mundo em nossas mãos e ousamos sonhar:

que o mundo do eu
e o mundo do outro
se encontrem e juntem no coração
enquanto o amado recebe a amada
em união, agora e para sempre;

que o mundo da treva pungente
e o mundo da luz espiritual
se encontrem e juntem
em união, agora e para sempre;

que o mundo do repouso silencioso
e o mundo da ação de coragem
se encontrem e juntem
em união, agora e para sempre;

que o mundo da alegria fecunda
e o mundo do lamento frutuoso
se encontrem e juntem
em união, agora e para sempre;

que o mundo do coração fluido
e o mundo da mente formal
se encontrem e juntem
em união, agora e para sempre;

que todo o tempo passado
e todo o tempo que está por vir
se encontrem e juntem
em união, agora e para sempre.

Amém.

*Joseph Jastrab
Conselheiro, professor, autor e guia em regiões desertas,
Earthrise Foundation, Nova York*

* * *

Possa o Respeito extirpar a erva daninha da Violência
e a Comunidade brotar das cinzas do Isolamento.
Possam as histórias de nossos avós
de novo abastecer a alma de nossos filhos em desenvolvimento.

Possamos ver o Divino uns nos outros e na natureza
que a Terra possa ser curada, e os filhos dela
encontrem fartura de alimento, liberdade, amor e gentileza
enquanto nos doamos de bom grado e com sinceridade uns
   aos outros.

Possa a música do riso partilhado substituir os gritos de
   sofrimento
enquanto a Grande Árvore da Paz se enraíza em cada coração.
Possamos oferecer um Mundo renovado e ressurreto
ao Criador com graça e satisfação infinitas.

Joan Zakon Borysenko
Autora e oradora, Colorado

* * *

No caminho para casa
todos os restaurantes vão servir sopa *miso**

No caminho para casa
lojas de agenda exótica florescerão nas cidadezinhas em Nevada

No caminho para casa
Utah será festonada com alegria
mórmons estarão dançando nas ruas vestindo diáfanos *chatchkas*

---

* Sopa japonesa condimentada, à base de arroz fermentado (N. do T.).

Visões de Esperança

No caminho para casa
cada um deixará os cassinos e as
máquinas caça-níqueis e sairá para
admirar-se da beleza das montanhas, dos céus e das pessoas

No caminho para casa
todos os rapazes e moças em bordéis secretos e vazios
terão erguido templos de amor livre enfeitados com mimosa
ensinarão karma-mudra aos fazendeiros caipiras de bom humor
que soltaram todas as vacas e agora só bebem *amrita**

No caminho para casa
todo café no Wyoming estará dando uma *potlatch***
assim, a pobreza será abolida

No caminho para casa
quem quer que encontremos tentará ler para nós um poema
nos convidar para entrar e para ouvir uma história que não seja
    uma notícia
só o que os viajantes trazem, depois de decretada a morte da
    TV

No caminho para casa
será fácil encontrar água fresca, tomates orgânicos, conversas
    amenas
daremos e receberemos música aprazível e bênçãos em cada
    posto de gasolina
(toda gasolina será grátis)

No caminho para casa
todos os motoristas de caminhão vão dirigir com respeito

---

* Bebida sagrada de água batismal e usada pelos sikes (N. do T.).
** Festa dos índios norte-americanos (N. do T.).

Visões de Esperança

e os turistas que viajam no verão sorrirão para os filhos
nosso Toyota velho vai adorar subir pelas passagens da montanha
pessoas francas e confiantes e lagartos
cães de caça, lobos e pegas cantarão juntos e farão piquenique
no pôr-do-sol, ao lado da estrada

Todo mundo vai chegar aonde está indo,
Todo mundo vai estar em paz
Todo mundo vai adorar quando chegar lá

Com menos obstáculo
os bons augúrios e o prazer
pousarão como um corvo dakini
em cada telhado.

Diane di Prima
"A Prayer for the Road"
Poeta, Califórnia

* * *

Possamos nós dar origem ao Sonho do Povo.
Um sonho que possa nos apoiar no novo milênio.
Um sonho que lembre que não há separação entre espírito e
matéria.
Um sonho que infunda a vida das pessoas
com a força do erótico.
Um sonho que nos lembre o que é sagrado.

Conclamo um sonho que lembre
   o poder da umidade doadora de vida
que reconheça o aroma do mar
   onde ele acaricia a praia
no cheiro de nosso suor
no sal de nossas lágrimas
na umidade que poreja
de entre as coxas lisas
de uma mulher bem amada.

Conclamo um sonho que nos lembre
da concentração nas pontas dos dedos
na forma e no peso das mãos
no sangue e nos ossos e em mil terminações nervosas
no simples ato de levar à boca
   uma maçã
   e de deixar que a ponta da língua
   deslize sobre a massa rotunda e lisa
   da superfície fria
e sinta pulverizar-se o sumo
enquanto nossos dentes perfuram a casca
e penetram o miolo tenro
   por dentro.

Um sonho que nos ajude a provar
as semanas de chuva e sol
o amadurecimento na árvore
o trabalho do fazendeiro
   o toque do apanhador de frutas
   a jornada dos homens e das mulheres
   que as levam do bosque para a mesa.
Conclamo um Sonho das Pessoas que nos lembre
   de que não há separação
um sonho que saiba que

Visões de Esperança

cada ato vivido plenamente desperto
não pode ajudar
só pode ser uma oração e o ato de fazer amor.

Oriah Mountain Dreamer
Autor e Professor, Canadá

* * *

As portas do templo continuarão abertas.
Não haverá muralhas.

As letras sagradas vão reluzir
à luz de esferas celestiais.

Os pobres virão matar a sede
nos lagos de vinho.

E quando inclinarmos nossa taça veremos
os reflexos dos ainda por nascer
Alimentando espécies extintas com a mão,
zumbindo para libélulas na cópula.

Todos seres sencientes

em meio à celebração,
medicamento fluindo em nossas veias,
manteiga vertendo do trigo
de nosso aperto de mão.

Charlie Mehrhoff
Poeta, Novo México

Visões de Esperança

Ó Criatura de Duas Pernas!
Contempla...
Continua tentando, tem esperança!
Onde quer que se esteja, é sempre sobre nosso planeta.

Tribos de Criaturas de Duas Pernas existiram.
Wa nah, elas coexistiram com as coisas todas.
Com criaturas aladas, de barbatanas, de quatro pernas e
    cultivadas.
Rios e córregos corriam claros, o vento era puro.

O conhecimento ainda está aqui!
Uma Grande Via, na verdade.
O estilo de vida dessas criaturas conservava Ina Makah, a
    Mãe Terra.
Dia a dia, século atrás de século.

Ó Criatura de Duas Pernas!
A Comunicação Total e o conhecimento partilhado estão aqui...
    agora!
Tudo pode... voltar!
Porque... *Mitakuye Oyasin*; todos temos uma ligação!

Ed McGaa, Eagle Man
Oglala Sioux, Minnesota

* * *

Visões de Esperança

Penso em minha terra natal, o Camboja, como uma invocação que eu faria ao mundo, sonhando que perto do ano dois mil a paz se instauraria verdadeiramente nessa nação que traz as chagas do genocídio em massa e da violência.

Penso nela se tornando um grande jardim, uma floresta tropical de ar e vida, um país de perdão e piedade. Ela há de representar a compreensão além das fronteiras e se tornar um pacificador dos conflitos vizinhos com os vietnamitas, os tais e com nós mesmos.

Todos os seus filhos passarão a infância e toda a geração com os seus pais vivos e com outros parentes com quem brincar. Nenhuma criança será obrigada a empunhar uma arma por causa da ganância política ou econômica de outra pessoa.

Todos os terrenos minados serão destruídos para que o povo só cultive a terra para comer. Todas essas minas serão banidas do mundo.

Haverá parques em vez de zonas de guerra.
Haverá mais escolas em vez de bordéis e boates.
As crianças cantarão canções de alegria em vez de horror.
Aprenderão a interpretar o amor em vez do ódio.
Cada criança terá o que comer e água fresca para beber.

Minha terra natal será verde de novo — fará crescer as sementes de paz nas florescências primaveris de amor e júbilo. Suas árvores tropicais não serão abatidas. Suas frutas abundantes serão partilhadas. Suas florestas serão o Paraíso sobre a terra. Ela será serena, bela e cheia de encantos como as estátuas esculpidas nas muralhas de seus templos, repleta de paz e sorrisos ocultos. Os povos que nela habitarão hão de tornar-se fortes e sensatos por causa dos tormentos que suportaram.

Os países maiores e mais ricos pararão de comprar as armas dela para matar-lhe os próprios filhos. Esses países tornar-se-ão modelos de um bom papel para o desenvolvimento político e espiritual de minha terra. Eles a respeitarão como a um par e hão de amá-la como à própria irmã.

Essas nações com técnicas a partilhar, com boas relações a conquistar e amor para dar, hão de ajudar a minha terra com franqueza, dar a ela estímulo e apoio necessário para que o povo que nela habita cultive as árvores em vez de as abater para pagar as suas dívidas.

Penso no Camboja como uma nação amada, uma nação curada e livre das guerras e do ódio. Imagine a Terra com todas as nações amadas e tratadas quando doentes ou em crise. Imagine as famílias propensas à partilha, à compreensão e ao aprendizado mútuo. Imagine toda a sabedoria e as experiências que poderíamos amealhar a fim de fazer de nosso planeta um lar e de nós mesmos um povo, com todos unidos em nossa diversidade. Imagine...

Chath Piersath
Habitat for Humanity International, Camboja

* * *

O Buda iluminou-se
à sombra de uma árvore

Viu a estrela matutina

Tocou a terra
como testemunha

do próximo milênio
que é agora

Todos nós
reconheceremos
nós também
somos Budas

e plantaremos
ainda mais árvores
no fundo da terra

à sombra dessas árvores
mais Budas sentar-se-ão

e plantarão mais árvores
à sombra das quais

para sempre e sempre
mais.

Rick Fields
Autor e organizador, Califórnia

Visões de Esperança

E is os modos como um mundo acaba:

O tibetano — o Kali Yuga, marcado pela tirania do materialismo, enquanto eram perseguidos os defensores das doutrinas sagradas;
O manaceano — como uma cobra devorando a própria cauda, o eterno estado de guerra espiritual;
O asteca — o retorno da Era do Ferro regida pelo Príncipe das Trevas, Senhor do Espelho Enfumaçado;
O inca — as ferramentas dos seres humanos se levantam para destruir a terra;
O hopi — Koyaanisqatsi e a vida oscilando ainda mais sem equilíbrio;
O tecno-sapiens — Y2K Bug mistura nossas línguas e nos faz voltar a Babel;
O arapahoe — consumido pela água num novo Dilúvio Universal;
O maia — o cataclismo do ano 2012 d.C.;
O romano — a morte por superentretenimento;
O grego — pandemônio;
O islâmico — Jihad;
O cristão — Armagedon, os Quatro Cavaleiros do Apocalipse atropelam a massa desgarrada de hereges;
O americano — "Não com um 'bum!' mas com o som de um lamento."

Em meio a esses presságios sombrios
e ao fogo cruzado do dia-a-dia
escute o coro
dos anjos bravios que cantam:

"Vamos vencer. Vamos vencer. Vamos vencer um dia."

Joseph Richey
Poeta e organizador, Colorado

Viver neste momento em que uma nova possibilidade se abre para um milênio de contentamento, tranqüilidade e paz é uma oportunidade rara. Em silêncio, medito sobre como o sopro vital passa pelas narinas e chega a cada uma de minhas células, levando serenidade à minha mente e ao meu corpo. O ar que inspiro e expiro foi enriquecido e partilhado por todas as criaturas vivas; assim, toda a humanidade, o reino animal e o vegetal estão relacionados comigo. Possam as energias de meu amor e benevolência se estender a todos eles e levar-lhes o bem-estar e a felicidade. Possam tais pensamentos e sentimentos irradiados por todos formar e criar amor e afabilidade, que, por sua vez, nos deixarão o coração e o espírito propensos ao bem de todos.

Possa essa energia de amor e benevolência gerar o ato piedoso nos seres humanos e para eles, bem como para a natureza. A ação piedosa extirpa a pobreza, a competição e a violência de nosso mundo. Possam minhas irmãs, irmãos e parentes em essência dar-me a mão para criar a paz e os níveis mais elevados de realização espiritual.

A. T. Ariyaratne
Fundador, Sarvodaya Movement, Sri Lanka

* * *

Há algo notável e único no mundo todo sobre a situação do planeta, que ainda está por ser criada por nós. Algo que o Criador não poderia conceber exceto por meio de nós.

Figurar como será a vida no ano três mil atualmente está além de nossos maiores visionários e estudiosos do futuro. Assim, devemos nos concentrar nas décadas críticas que temos bem à frente. Precisamos fazer coisas pelas quais possamos verdadeiramente ter respeito. Precisamos fazer aos outros o que gostaríamos que eles nos fizessem — em nossos bilhões de pessoas.

Todo o universo está alerta. Espera ver-nos acabar com o Grande! Missão impossível, no entanto inteiramente ao alcance da mão. Eles estão fascinados com os apuros em que nos metemos. Ninguém exceto nós mesmos poderia ter concebido a situação do mundo de hoje. Ela é maravilhosa, única, extremamente significativa. Esse é o lugar para se estar.

A essa luz, minha oração para o novo milênio é a seguinte: possamos ver, amar e criar o simples, o humano e o natural.

Tudo o mais virá à luz. Apesar de muitas evidências contrárias no século XX, sinto-me em paz, otimista e confiante em que esta oração será atendida no século XXI. Há outro caminho?

Palden Jenkins
Autor, organizador e professor, Inglaterra

* * *

Venha ser a nossa mãe   somos os seus filhos jovens
Venha ser a nossa noiva   somos o seu amado
Venha ser a nossa morada   somos os seus habitantes
Venha ser o nosso jogo   somos os jogadores

Venha ser o nosso castigo   somos os seus pecadores
Venha ser o nosso oceano   somos os que nele nadam
Venha ser a nossa vitória   somos o seu exército
Venha ser o nosso riso   somos a sua história
Venha ser o nosso Shekhinah   somos a sua glória
Acreditamos que você vive
embora você demore   acreditamos que você virá

Quando a transformação ocorrer do modo como deve
Quando nos lembrarmos
Quando ela acordar de seu longo sono em nós
Quando ela dissipar o pesadelo
Da história de seus olhos
Quando ela voltar do exílio
Quando se ouvir o som de sua voz nas ruas
E abrirem-se os portões
Quando ela entrar no mundo moderno
Cruzar a terra
Sacudindo os peitos e os quadris
Com pandeiros e danças
Dignificados e santificados
Exaltados e honrados
Abençoados e tornados gloriosos
Quando ela dissipar
A tirania
Quando ela e ele se encontrarem
Olharem-se um ao outro face a face
Quando, nus, não sentirem vergonha —
Nesse dia nosso Deus será Uno
E um só o nome deles.

Shekhinah nos abençoa e conserva
Shekhinah ilumina a sua face por nós
Shekhinah volta o rosto
Para nós e dá-nos paz.

Visões de Esperança

Alicia Ostriker
"A Prayer to the Shekhinah"
Autora e professora de inglês,
Rutgers University, Nova Jérsei

* * *

Professando confiança inabalável em ti, nosso Deus, e confiança humana uns nos outros, nós, mulheres e homens de tua criação, unidos em amor, escancaramos a janela para um novo tempo em que o sol revigorará igualmente ricos e pobres, os animais do mar e as aves do céu, as plantas da terra e as pedras das eras — na verdade, a criação inteira.

Possa a nossa confiança na tua providência e em todos nós levar-nos à ação justa, ao amor terno, à caminhada humilde e à vida em união e em paz sobre esta Terra. Amém.

Irmã Mary Ann Coyle, S. L.
Irmãs de Loretto, Colorado

* * *

No interior habita a Fonte que, a cada instante, gera-nos no amor de criação, gera-nos na Imagem Divina, a cada qual, para que sejamos mais belos que o *Davi* de Michelangelo, mais serenos do que o Buda, mais jubilosos do que o Dalai Lama, mais amáveis do que Madre Teresa — uma imagem única da Imagem — para levarmos a esse nosso mundo tão pequeno algum revérbero individual de luz de cura.

Juntos, podemos criar um novo milênio, recuperado de todas as chagas do milênio que passa, enquanto todos nos deixamos recriar na plenitude e sermos aquele dom doado a cada um.

Não nos tornemos presas de uma teologia estreita de escassez, mas nos inclinemos à fartura da Generosidade Divina; que ela se derrame através de nós, acolhendo todos os homens e mulheres, todas as partículas dessa criação esplêndida que é nossa herança comum, nossa responsabilidade e glória.

Irmão M. Basil Pennington,
Ordem dos Cistercienses da Estrita Observância
Spencer Cisterciense, monge, St. Joseph's Abbey, Massachusetts

* * *

Um homem faz suas orações; canta suas canções. Considera tudo o que lhe importa e é especial — sua casa, seus filhos, sua língua, o ser que ele é. Ele tem de fazer uma preparação espiritual e física antes de tudo o mais. Só então é que algo tem início.

Um homem parte; depara toda sorte de coisas. Vive aventuras, encontra pessoas, amealha conhecimento; percorre vários lugares; está sempre olhando. Vez ou outra, a viagem é arriscada; às vezes, ele encontra sentido; de vez em quando vê-se um miserável; mas prossegue. Tem de prosseguir. Sua viagem é também uma oração, e ele tem de continuar em frente.

Um homem volta, e até a volta tem momentos de desespero e tragédia; há, contudo, beleza e alegria. Por vezes ele está confuso, por vezes vê com lucidez extrema. Tudo faz parte da viagem — a oração. Há coisas por que ele tem de passar antes de trazer de volta o que procura, antes de poder voltar para si mesmo.

A chuva se forma e cai. Os *shiwana* deram ouvidos ao homem, e vieram. O homem trouxe de volta a chuva. Ela cai, e revigora. O homem volta para a fortaleza que é a sua individualidade, a sua casa, o seu povo, a sua língua, o conhecimento de quem ele é. Fez-se o círculo; a vida tem beleza e sentido, e há de continuar porque é sem fim.

Simon J. Ortiz
Autor, Acoma Pueblo, Novo México

* * *

Certa feita, você finalmente descobriu
o que tinha de fazer, e começou,
embora as vozes ao redor
continuassem bradando
maus conselhos — embora toda a casa
começasse a tremer
e você sentisse os velhos grilhões
nos tornozelos.
"Arrume a minha vida!"

Visões de Esperança

bradavam as vozes;
mas você não parou.
Sabia o que tinha de fazer,
embora o vento forçasse
com seus dedos rijos
os próprios alicerces —
embora a melancolia deles
fosse terrível.
Já era muito tarde,
a noite era selvagem
e a estrada estava cheia de ramos
caídos e de pedras.
Mas pouco a pouco,
à proporção que as vozes deles ficaram
para trás, e as estrelas começaram a
brilhar através dos lençóis das nuvens,
você ouviu uma voz nova
que lentamente começou a reconhecer
como sua,
e que o acompanhou
enquanto você avançou mais e mais
para o mundo,
determinado a fazer
a única coisa que poderia fazer —
determinado a salvar
a única vida que poderia salvar.

Mary Oliver
Poeta, Massachusetts e Vermont

Parte 2

O CORAÇÃO
ABERTO a TUDO

Deus não muda a condição de alguém
Enquanto esse alguém não muda o que está em seu coração.
CORÃO 13:11

Na Parte 2, as orações são como contas de um rosário para o nosso coração. Oferecem conselhos simples e de generosidade: amar, ouvir os outros, aceitar o desconhecido e não fugir ao sofrimento. Elas nos mostram como nos preparar, como estar presentes e ser piedosos.

>Descerre os punhos
>Mude-os em abraços
>Abra os braços
>Em círculos de amor.
>*James Broughton*

Muitas pessoas esperam que seus líderes políticos tomem conta das coisas no lugar delas, e criticam esses líderes pelo fracasso deles; no entanto, se os muitos que contribuíram para este livro apresentam um denominador comum, ele é a crença que têm de que a mudança social está enraizada na prática individual do amor. Quantas vezes constatamos a verdade do adágio: "Quando as pessoas liderarem, os líderes seguirão!" A mudança transformadora numa sociedade principia com a mudança do coração do povo. Tornar o coração sensível à beleza e ao sofrimento do mundo, deixando que estes se conservem em nós sem sentimentalismo, sem revolta nem negação, em si mesmo é uma grande dádiva para o futuro. Trata-se do ato de amor que cria um campo de afetuosidade e gentileza.

O tema do amor é inexaurível. Nessa palavrinha está escondida a chave da nossa felicidade, bem como da sobrevivência do mundo. Enquanto a cultura moderna gerou oceanos de informação, dificilmente somos pessoas mais sensatas por isso. A informação não é a nossa necessidade maior; mais necessário é tornar o coração sensível ao espírito criador e doador de vida próprio do amor.

À medida que o século XX se encerra com os "anos 90 dos nanossegundos", nossa vida segue frenética com sua comida instantânea, seu banco instantâneo, seus funerais instantâneos, com suas notícias e análises de última hora. O êxito é medido pela velocidade, e esta aniquila a espacialidade do momento. Aqui, um grande número de orações se ocupa desse tema, alertando-nos para que diminuamos a marcha, respiremos fundo e prestemos atenção.

O senhor é o meu marca-passo, não me precipitarei.
Ele me faz parar e repousar por intervalos de silêncio...
Salmo 23 das Freiras

Poderíamos considerar a virada do milênio, e todos os aniversários assim, como uma dádiva especial do tempo — um lembrete de que ele é qualidade, não apenas quantidade. Enquanto fazemos uma pausa, respiramos e atentamos para o momento, a vida revela sua fartura intemporal e sua promessa. Essa é a prática da *abertura*. Por meio dela, recuperamos a condição de espaço e generosidade que são nosso direito por nascimento.

Abrir o coração também nos torna vulneráveis. Temernos nessa vulnerabilidade que nosso coração se parta, e, é verdade, a dor do mundo nos parte o coração repetidas vezes; mas um coração partido não é um coração paralisado. Buda, Jesus, Maomé, os santos, os profetas e os mentores de todas as religiões revelaram isso. Partiram-se os corações, *abriram-se*, mas não foram destruídos; da capacidade que um coração aberto tem de estar com o sofrimento é que advém a cura. Esta não é algo que possa ser oferecido a distância, uma tentativa do lado de fora para "solucionar" um problema. Em vez disso, a cura advém do ato de "estar com" o sofrimento. A relação de cura se estabelece por meio da presença autêntica de um coração aberto.

* * *

Em nome do raiar do dia
e das pálpebras da manhã
e da lua caminhante
e da noite quando parte,

Juro que não desrespeitarei
minha alma com o ódio,
mas oferecerei a mim mesmo humilde
como um guardião da natureza,
um agente de cura da infelicidade,
um mensageiro da maravilha,
um arquiteto da paz.

Em nome do sol e de seus espelhos
e do dia que o acolhe
e dos véus de nuvem puxados sobre ele
e da noite máxima
e do masculino e do feminino
e das plantas cheias de sementes
e das estações que concedem
vaga-lumes e maçãs,

Respeitarei a vida —
onde quer que habite, qualquer que seja
a sua forma — na Terra, que é o meu lar,
e nas mansões estelares.

Diane Ackerman
Autora, Nova York

* * *

Importa é
amar a vida
amá-la mesmo quando você não tem
estômago para fazer isso, quando tudo o que você conservou,
meu caro, se esfacela nas mãos como papel queimado
e sua garganta está cheia desse lodo.
Quando o pesar pesa sobre você
é como calor, clima tropical, umidade
que espessam o ar, pesa como água
mais apropriada a guelras que a pulmões.
Quando o pesar lhe pesa como a sua própria carne
só que mais densa que ela — uma obesidade do pesar.
Quanto tempo pode um corpo agüentar isso?, você pensa,
no entanto, segura a vida entre as mãos como a um rosto,
um rosto comum, sem nenhum sorriso encantador
nem piscar de olhos,
e você diz sim, aceito você
vou amar você de novo.

Ellen Bass
Autora, Califórnia

Vamos compreender
a gravidade de nossa situação.

Vamos compreender
que o amor
é nossa única redenção.

Amor por um minúsculo planeta ameaçado
em que somos de todo dependentes.

Só o amor pode nos transformar
de espoliadores e vândalos
em Senhores da Terra e fazedores da paz.

Só o amor nos mostra
a integridade e os direitos
de todas as outras criaturas.

Só o amor nos abre os olhos
à verdade e à beleza
que nos rodeiam.

Só o amor nos ensina
a humildade de que precisamos
para viver nesta Terra.

E só o amor nos pode salvar agora
da extinção.

Mary de La Valette
Poeta e ativista,
Gaia Institute, Massachusetts

Olhamos com incerteza
Além de antigas opções
Pelas respostas claras
Para uma vida mais suave, mais permeável
Que é cada momento
À beira da morte;
Pois algo novo em nós se gera
Se consentirmos.
Postamo-nos em novo limiar,
Esperando o que chega...
Ousando ser criaturas humanas.
Vulneráveis à beleza da existência.
Aprendendo a amar.

Anne Hillman
Autora e palestrista
internacional, Califórnia

* * *

Rezo para que, no novo século, possamos ouvir profundamente — ouvir sozinhos, ouvir acompanhados, ouvir os outros, ouvir a nós mesmos, à terra, ao universo, à fartura que é; despertando para o som e para o silêncio como tudo o que existe, e sentindo isso; ajudando a criar uma atmosfera de abertura para que todos sejam ouvidos, com a compreensão de que ouvir é curar. Ouvir profundamente, em todas as suas variações, é infinito. Amor é ouvir profundamente.

Pauline Oliveros
Compositora, Nova York

O Coração Aberto a Tudo

Seria esse amor que se precipita à beira, para dar-lhe
Um fio fundamental na interioridade das coisas?
Sem ele, a grande exterioridade se soltaria e desembaraçaria?
Acaso o nosso objetivo é ver o mundo e dizer que ele é bom?
Poderíamos nós tê-lo visto e dito isto, amor,
Enquanto você me parecia resoluto?
Ignoro.

Minhas mãos pendem vazias ao lado do meu corpo.
Meus ancestrais não me legaram sabedoria alguma.
Os astros se enganaram, e em torno a mim
A natureza padece das piores dores de parto, e chora.

Amo você.

Essa é a única palavra sagrada de que disponho.
O último traço,
A última impressão no esvaziamento do coração,
Da migração de mil tradições,
Mil formas de incorporar a sabedoria.
Posto-me com mãos inúteis,
E, por meio da transparência de minha pobreza,
Ofereço-lhe isto, meu único dom.

Freya Mathews
Professora de filosofia, La Trobe University, Austrália

* * *

O Coração Aberto a Tudo

Fui convocado pelo Amor!
 O verdadeiro, que cria, espera e descobre
 porque é mais forte do que a morte.

O que chega a nós vindo do outro lado do zênite
 e submerge nos profundos do nadir.

O que me estende os braços para o infindo
Me convida a abraçar o cosmos com sua ternura.
O que me abre os olhos ao mistério de quem sou
No abismo insondável de seus olhos
E me concede um passo
 na vitória do tempo sobre o medo,
Me conduzindo com certeza
à fonte inesgotável do viver.
Recebi um convite do Amor,
Cujas ondas sacodem
Vibrantes o meu pequeno vaso de barro
Sim! Tudo tem origem nEle.
Para Ele sou transportado.

Todo o meu ser se rende
Com êxtase ao Seu abraço
No próprio coração
Da beatitude.

Julia Esquivel
Autora, Índia Maia, Guatemala

O Coração Aberto a Tudo

Que a morte não venha
antes de a vida ser vivida.
Nenhum de nós viva com medo
de cair ou pegar fogo.
Optemos por habitar nossos dias,
deixar que a vida se abra a nós,
que diminua em nós o medo,
nos torne mais acessíveis,
dê liberdade ao coração
até que ele se torne asa,
tocha, promessa.
Cada um de nós opte por colocar em risco o nosso sentido;
viver de sorte que a semente que nos chega às mãos
passe ao outro como florescência
e que a florescência que nos vem
seja o fruto dado a alguém.

Dawna Markova
Autora e organizadora, Utah

* * *

Hoje a chuva caiu
e em algum lugar as flores do lótus vicejam.
Assim somos nós.
Desafiando o impossível
    no abrigo e na calidez do coração de todos,
expandindo a noite, afagando as estrelas,

O Coração Aberto a Tudo

E sabendo que o coração de cada um
é a nossa humana felicidade.

Jarvis Jay Masters
Corredor da Morte, San Quentin

* * *

Minha oração simples é que, nas coisas todas, aprendo a amar
    a contento.
Aprendo a tocar as estações da vida em contínua mutação
    com um grande coração piedoso.
Minha oração é que vivo com paz e justiça e anseio pela terra.
Aprendo a cuidar com plenitude e a esquecer com graça.
Usufruo a fartura da terra e torno a ela
    a partir da generosidade natural — nosso direito de
    nascença.
Minha oração é que, por meio de minha vida, através da
    alegria e da tristeza
    nos pensamentos, atos e palavras,
Levo benefícios e bênçãos a tudo o que vive.
Meu coração e o coração dos seres aprendem a ser livres.

Jack Kornfield
Mestre de meditação budista, Spirit Rock Center, Califórnia

Agradeço, Deus, por ser quem sou
E por sermos Um na Unidade com todos os seres vivos.
Agradeço o amor, a luz e todos os sentimentos
Que me fazem viver com muita alegria
Todos os momentos de minha vida.

Agradeço, Deus, por ajudar-me
A trazer alegria à vida de todos
As oportunidades para poder expressar
O que de melhor tenho em mim
Servir, dar, ajudar os seres vivos que minha vida toca
O tempo todo, todos os dias.

Agradeço, Deus, minha saúde perfeita
A energia e força sempre renovada
O acesso a recursos infinitos
O agir natural no momento certo
Minhas melhores intenções
Sempre se tornando realidade.

Agradeço, Deus, a paz perfeita
Que sinto em mim o tempo todo
Tranqüilidade, serenidade
Divina Quietude.

Agradeço, Deus, tudo que vivo
Tudo que aprendo, tudo que crio
Sua inspiração e ajuda para criar o Céu na Terra
A cada momento que penso, falo e ajo.
Agora. E agora. E agora...

Obrigado, Deus. Agradeço por tudo que sou.

Oscar Motomura
Diretor geral, AMANA-KEY, Brasil

O Coração Aberto a Tudo

O mundo está perdendo rápido a sua alma
porém você não deve entregar a sua.
Não tem de viver num globo mecânico.
Não tem de domar suas paixões arraigadas.
Não tem de extinguir sua beleza fulgurante.

Viva a alegria,
Oponha-se à coação alheia.
Não se intimide com a rejeição que o aborreça.
Que a curiosa sabedoria da natureza lhe encha o espírito.
Que a herança mística do mundo lhe oriente os passos.
Pinte as suas telas,
Toque as suas melodias.

Ponha o melhor de si nas palavras que em você nascem.
Seu Pai e o céu de seu Pai
nunca o abandonarão
mas sempre ame
o cadinho do seu espírito.

Thomas Moore
Autor, New Hampshire

* * *

Senhor, supremo ser deste universo,
deixai que meus lábios entoem loas à bondade ao meu redor,
infensa ao mal que é tão feroz,

O Coração Aberto a Tudo

deixai que meu coração reluza com o amor pelos que me
 demonstram afeto,
reluza tolerante aos que só têm intolerância.

Dai-me força para continuar aquilo que melhor realizo,
que eu acrescente um "bocadinho" à transformação deste
 planeta,
deixai-me ter a centelha que atice os outros a juntar-se a mim,
a sabedoria de escolher as causas que devo apoiar,
que eu me junte aos outros no esforço de fazer desta Terra um
 lugar melhor para viver:
meu grão de areia é único na nova edificação.
Que eu possa dizer no fim do dia
que fui tudo o que poderia ser para os meus entes queridos,
para os que não tiveram a mesma sorte que eu,
e para este planeta,
onde estou com um objetivo que transcende a minha simples
 existência,
mesmo quando nem sempre é fácil.

Tsvi Meidav
Geothermal energy developer, Califórnia

* * *

Por vezes, o despertar espiritual é descrito como uma jornada ao topo da montanha. Deixamos de lado nosso apego e nosso conhecimento e aos poucos rumamos ao cume. Ali, transcendemos toda a dor. O único problema com essa metáfora é que deixamos todos os outros para trás — o irmão bêbado, a irmã esquizofrênica, nossos animais e amigos atormentados. O sofrimento deles continua sem alívio, em função de nossa fuga pessoal. No processo de descobrir nossa verdadeira natureza, a jornada é para baixo, não para cima. É como se a montanha apontasse para o centro da Terra em vez de alcançar o céu. Em vez de transcender o sofrimento de todas as criaturas, movemo-nos rumo à turbulência e à dúvida. Damos um salto para isso, deslizamos para isso. Caminhamos, pé ante pé, para isso. Por muito que possamos, seguimos nessa direção. Exploramos a realidade e o caráter imprevisível da segurança e do sofrimento, e não os tentamos repelir. Se isso durar toda uma vida, o deixaremos de ser como é. Em nosso ritmo, sem pressa nem violência, descemos, descemos, descemos. Conosco se movem milhões de outros, nossos companheiros no despertar do medo. No fundo, descobrimos água, a água da compaixão — que cura. Bem ali, em meio às coisas, descobrimos o amor imortal.

Bhiksuni Pema Chodron
Mestra budista e abadessa, Gampo Abbey, Canadá

* * *

Deus de piedade e amor,
na aurora de um novo milênio, volto o coração e a mente a ti,
na gratidão amável, na jubilosa louvação e na adoração humilde
pela dádiva de Jesus, teu Filho, que me enviaste,
pelo espírito da vida que instilaste em mim,
pela dádiva de amor que recebo e dou,
pelos irmãos e irmãs no mundo todo,
pelos pretos e brancos, velhos e jovens, ricos e pobres,
pelas alegrias e tristezas que me enriquecem a vida,
por toda a criação, dádiva preciosa a estimar e amar.

Ó meu Deus, de amor e compaixão,
na aurora do novo milênio
abre-me o coração e o de todos para as novas dimensões da era entrante.

Abre-me o coração, Ó Senhor, a uma nova dimensão
de oração e fé, amor e paz,
reconciliação e fraternidade universal,
perdão jubiloso das mágoas, pequenas e grandes,
passadas ou presentes, impostas e aceitas,
de amor e respeito por toda a criação.

Senhor, Deus de piedade e amor,
que eu tenha a ousadia de pedir-te — como pediu
São Francisco, meu irmão:
faze-me instrumento de tua paz!

Irmão Maximilian Mizzi O. F. M. Conv.
The International Franciscan Center for Dialogue, Assis

* * *

Acordei para a confusão de um novo dia

Os fragmentos de sonhos, as lembranças de ontem e novos desejos se arrastando na consciência,

O sol derramando sua luz por todas as coisas exceto pelas sombras e pela cacofonia do som

De fora e dentro.

O que tomar por lei? O que esquecer?

Quem faz a opção?

Acho que vou-me pôr às margens do rio, só para vê-lo fluir,

Já faz muito tempo que fiz algo verdadeiramente importante.

David Sluyter
Fetzer Institute, Michigan

* * *

Não consigo chegar a uma decisão sobre se primeiro
Calço as meias ou se ponho as calças — indecisão
Ao pé da cama. Devo escovar os dentes, depois me barbear,
Ou fazer isso primeiro, e então enxaguar a boca depois da
  intensa jornada de uma noite?
Sei que meus olhos devem primeiro abrir-se para estar
  despertos,
E que cada passo cambaleante rumo à cozinha
Me leva para a mesma tigela e xícara de café.
Olho para a frente. O século lacrado varre o pó
De minutos passados — meu período sobre a Terra.
Deus, salvador vestido em manto fúlgido, dize-nos o que fazer,
Provê a ordem, torna-a simples como as meias e as calças,

O Coração Aberto a Tudo

Tão certa quanto o velho rosto que vejo no novo espelho da manhã.

Gary Soto
Autor, Califórnia

* * *

Reserve tempo para ouvir os pássaros,
           as ondas,
           o vento.

Reserve tempo para inspirar o ar,
           a terra,
           o oceano.

Reserve tempo para ficar imóvel,
           em silêncio,
           e permitir que Deus o encha
           de funda paz e amor.

Mairead Maguire
Ganhador do Prêmio Nobel da Paz,
Community of the Peace People, Irlanda

* * *

O Coração Aberto a Tudo

Articule-se.
Faça o sangue ferver.
Vá à periferia.
Prepare-se para dançar a Dança Aberta.
Aprenda a reunir o *momentum* e a
Deitá-lo fora.
Exploda no corriqueiro e mantenha
Os olhos bem abertos.
Acolha o medo.
Deixe a dúvida em suspenso.
Especifique.
Simplifique.
Revitalize.
Ponha mãos à obra!
Flutue.
Dignifique o caos.
Visualize o próximo passo.
Meta o nariz!
Erre!

Barbara Dilley
Dançarina e professora, Colorado

* * *

O Senhor é meu marca-passo, nada me fará correr.
Ele me faz parar e descansar por intervalos tranqüilos
Concede-me imagens de quietude, que me restauram a
   serenidade.

O Coração Aberto a Tudo

Conduz-me com eficiência através da brandura da mente.
E Sua orientação é a paz.
Mesmo que eu tenha muitas coisas importantes a realizar a cada dia,
Não tremerei, pois a Sua presença é aqui.
Sua atemporalidade, Sua importância infinita me manterão em equilíbrio.
Em meio aos meus afazeres, Ele prepara o refrigério e a renovação
Ungindo-me a mente com Seus óleos de paz.
Transborda-me a taça de energia jubilosa.
A harmonia e a eficiência hão de ser o fruto das minhas horas,
Pois que andarei no lugar do meu Senhor e habitarei a Sua Morada para sempre.

Salmo Vinte e Três das Freiras
All Saints Convent, Maryland

* * *

Retardamos o passo para o mundo,
respiramos fundo,
uma vez mais,
outra vez.
Deixamos que a gravidade em nosso espírito nos leve ao repouso
e encontramos o nosso recanto.
A lembrança faz bolhas na superfície.
Conhecemos este local.

> Aqui
> ouvimos nossos filhos,
> rimos a bandeiras despregadas,
> curamos nossos vizinhos e eles nos curam,
> tocamos quem amamos.
> Reconhecemos o prazer.
>
> Restaurados, lembramos
> Que nenhum esforço se completa sem o componente essencial do repouso sagrado.

Wayne Muller
Autor e professor, Bread for the Journey, Califórnia

* * *

É difícil imaginar que pudéssemos ser tão amados. No entanto, aos olhos de Deus, sempre fomos perfeitos. Como uma mãe ama o filho mesmo antes da concepção, simplesmente ao desejar esse filho, nós também somos verdadeiramente amados. Essa força, que agora chamo de Deus, junta um óvulo e um espermatozóide, e, à medida que um embrião se desenvolve, divide suas células com tal perfeição, que um dedinho reponta na mão e dois olhos nas faces. Como é possível que cada célula saiba qual deve ser a sua forma e a sua posição? Isso não é um milagre; é um fenômeno natural.

À proporção que evoluímos, com nossas necessidades e tecnologias, deparando nossa humanidade com seus vários desafios, suas conquistas e perdas, começamos a andar sozinhos, usando apenas a nossa força humana para fazer face aos problemas e solucioná-los. O que foi feito da ligação com a força miraculosa que por primeiro nos dividiu as células? A cada um de nós, a tarefa é relembrar: restabelecer e reivindicar aquilo que já é verdadeiro. Somos amados, sempre fomos. Não se trata de mérito nem de realização. O Amor Divino está aqui. Só precisamos descerrar os punhos e nos abrirmos a Ele.

Jeanette Berson
Artista e poeta, Califórnia

* * *

Todo dia me entrego
à força todo-poderosa do amor universal
e à força vital evolutiva da qual eu sou uma parte minúscula.
Sempre serei guiado por essa fonte do meu ser eterno
e andarei com fé e esperança na vida nesta Terra
e sempre buscarei a quantos partilham desse conhecimento
na condição de meus companheiros no amor e na luz.
Harmonizo a minha energia no júbilo
e no serviço ao meu objetivo mais elevado —
meu eu universal.

Hazel Henderson
Economista e autora, Flórida

Deixe de lado a devoção
ao apuro e à discórdia
Rompa com a tradição
da competição e da maldição

Aperte o passo enquanto há tempo
Arranque as raízes da hostilidade
Afirme a sua humanidade
Insista na fraternidade

Descerre os punhos
mude-os em abraços
Abra os braços
em círculos de amor

Remova toda barricada
para o reino pacífico
Supere os falcões
Deixe os anjos para trás.

James Broughton
Poeta, Washington State

* * *

Estou rezando com o meu corpo
   a vida se precipita num frenesi de *e-mails* e mensagens
      telefônicas
   respire, retarde o passo, sente-se,
   acompanhando a Linha de Tiro e inspirando
   o cheiro de baunilha da casca do pinheiro

Estou rezando com a minha fala
   exprimindo a experiência real
   quebrando as cadeias do
   dinheiro, do tempo, das coisas,
   Dizendo palavras que curam

Estou rezando com a minha mente
   lembrando o poder da intenção, do cuidado
   a luz e o coração se derramam sobre as Grandes Planícies
   espalhando-se em todas as direções
   rezando

Estou rezando com as minhas mãos,
   segurando-lhe a mão, lembro:
   essa é uma dádiva de amor do coração do universo
   todo momento é precioso

Estou rezando com o meu coração
   segurando você, querido,
   você que é minha mãe, meu irmão, minha irmã e meu pai
   assim, podemos harmonizar o mundo.

Anne Parker
Professora Universitária de Estudos Ambientais,
The Naropa Institute, Colorado

Albert Einstein foi mais preciso: "As grandes forças que regem o mundo", disse ele, "a estupidez, o medo e a ganância."

Como é possível interromper esse círculo vicioso? Que ferramenta devemos usar, e onde a devemos colocar?

A mim, o Dalai Lama deu a pista: "A minha religião", disse certa feita, "é muito simples: é a gentileza."

A gentileza desfaz a cobiça; ela requer partilha. A gentileza desfaz o medo: ela reclama gratidão e amor. A gentileza desfaz até a estupidez, pois que, com partilha e amor, aprendemos.

A gentileza não faz parte da política. A gentileza não está nas finanças. Tampouco na ciência. Nem ao menos na tecnologia. Por que não? Ela não tem valor econômico, é possível entendê-la facilmente, e ela recebe aprovação universal.

O século XXI deve dar destaque à gentileza — para a Terra e para todas as suas espécies — ou haverá pouca esperança para o século XXII.

Marc Estrin
Autor, Vermont

* * *

Criador do universo,
guarda-nos da nossa presunção.
Não deixes que nos fechemos em nós mesmos
mas abre-nos continuamente a Ti.

Deixa que Te amemos mais
do que amamos as idéias que temos de Ti.
Faze com que paremos de reivindicar a onisciência
para que possamos compreender um pouco.

Faze com que floresça em nós a gentileza.
Com que sejamos pessoas atenciosas
que tomam cuidado,
que veneram a verdade
e se reconhecem umas às outras.

Leva-nos com uma beleza irresistível!

Rabia Terri Harris
Coordenadora, Muslim Peace Fellowship, Nova York

* * *

Wakan Tanka, Grande Mistério, Eu, Akicita Wakan Mani, venho a ti como um ser humano pequenino e frágil — peço-te a gentileza de me ouvir, pois que busco as tuas dádivas para que eu conheça as dádivas nos outros.

Bato-me na minha jornada, Wakan Tanka, minha jornada é uma batalha espiritual. Trava-se dentro de mim enquanto procuro pôr em uníssono o meu coração e a minha mente. Uso uma fita no cabelo como símbolo desse caminho.

Wakan Tanka, peço-te, concede-me o espírito indomável para que eu continue a limpar a mente de meus julgamentos e injustiças quanto aos que são diferentes de mim. O que trago comigo de meus verdes anos é o que colore a minha visão de hoje. Sou motivada pelo medo e peço força para falar franca e piedosamente a todos os seres humanos, meus semelhantes. Sem essas duas virtudes, a crueldade tem condições de medrar.

Ó Wakan Tanka, ajuda-me a estar pronto para esse novo milênio, deixando-me continuar a purificar o meu coração e a minha mente, e me deixe palmilhar essa estrada da vida no caminho do bem e a levar a palavra acerca de você. Rezo pela paz da humanidade e para que a terra mãe seja reverenciada com a vida harmoniosa que há nela. Ouve a minha oração, Wakan Tanka.

Mitakuye Oyasin.
Estamos ligados uns aos outros.

Jim LaVallee, Akicita Wakan Mani
Ojibway-Sioux, Canadá

* * *

Meu Criador, eu sou Chitcus, do povo karuk da região próxima à nascente do Rio Klamath, nas cercanias de Sumas Bar, Califórnia. Posto-me diante de ti com a *kishwouf* quente, poção indígena. Na condição de Curandeiro indígena karuk, procuro a visão e a orientação espiritual para fazer com que todas as coisas se tornem íntegras por meio da cura.

Meu Criador, dá-me a sabedoria dos Antigos que resistiu ao tempo. Dá-me força interior para abençoar os seres quadrúpedes, as criaturas aladas, os bípedes e os seres providos de barbatanas.

Meu Criador, enquanto jornadeio ao Centro da Terra, dá-me força enquanto jejuo, para percorrer os rastos dos fogos sagrados; faze que o fogo medicinal se torne forte, para que as bênçãos das cerimônias da Renovação do Mundo karuk nas trevas da lua em agosto e em setembro sejam sagradas e aceitas.

A jornada que busco abençoará e curará tudo o que é sagrado. A vida, meu Criador, torna boa a semente da Vida, torna verdadeira a jornada dos quatro sentidos cardeais. Possam os olhos das águias pairar; possa o espírito do lobo retornar; possa ser abençoado o caminho que escolhemos.

Que nossas raízes busquem os outros para que eles se encham de Vida.

Que a Mãe Terra conserve a Vida; a água flui, bem como a Vida dentro em nós. Que ela sempre seja pura.

Meu Criador, enquanto palmilho a senda dos Antigos, que eu seja verdadeiro para o Espírito da Vida.

Chitcus
Curandeiro karuk, Califórnia

* * *

Ó Grande Espírito...
Alivia-me do fardo
  dos mortos e dos pensamentos petrificados.

Dissipa de mim a neblina
de ilusões falsas e doces.
Acende no meu peito
a calidez do amor verdadeiro
Para que eu veja a Verdade do Mundo
Com olhos novos de renovado amor
E com meu anjo da guarda às costas.
Posso sentir a Beleza do Mundo.
E eu posso agir com coragem a favor do bem.
Ó Grande Espírito...

David Tresemer
Psicólogo e dramaturgo, Colorado

* * *

Fique em paz, saiba que eu estou ao seu lado,
diz o Senhor.
Fique em paz, saiba que eu sou você,
diz o Tao.

Fazemos parte da natureza, e ela de nós.
Segura-nos a Mão de Deus
e as Mãos de Deus somos nós.

Não tente viver como se estivesse separado.
Você não está.
Você é de Deus,
faz parte do Tao.
Você está na paisagem.

O Coração Aberto a Tudo

Você é os elementos das estações.
Pertence tanto ao céu como à terra.

Conscientize-se do que é, que seus atos sejam
    arautos de um futuro melhor.
Flua, como a água que contorna os obstáculos.
Não dê com a cabeça na parede.
Flua sob ela e, quando ela vier abaixo,
há muito você terá ido.

Conserve-se fiel a Deus
repouse no Tao,
e no futuro você será transportado para onde é necessário.

Martin Palmer
Consultoria Internacional sobre
Religião, Educação e Cultura, Inglaterra

* * *

Rezo para ter a força de aceitar
    que as vidas muitas vezes terminam em tragédia,
        que as buscas não dão certo,
            que o conhecimento é uma longa e solitária caça,
    que não posso julgar o meu jeito de amar,
        ter ouro por alimento,
            nem viver para sempre.
                E que nada disso importa.

Rezo para entender que estou aqui com o objetivo de achar o meu caminho de volta a Deus, custe o que custar, e que tudo o mais, salvo o amor e o dever, não passa de ilusão.

John Taylor Gatto
Educador e Autor, Nova York

* * *

Aguardo instruções.

Do céu chega o escopo de minha possibilidade ilimitada
Das árvores chega o calendário do tempo, anel por anel
Do vento chega a paixão que me enche pouco antes que eu
   aprenda
Da água chega a minha gratidão, pois que nela me reconheço.

Com as pinturas na pedra e os tambores na montanha lembro que não sou o primeiro. Com a natureza inquisitiva e exigente de minha sobrinha, lembro que não sou o último.

Desde a garota que é explorada na loja e cujos dedinhos rendem dez *cents* por hora à poeta que abala o mundo quando fala "Bom-dia", à mulher espancada sem nenhuma consideração pelo homem que diz que a ama, à ativista que abraça uma árvore enquanto a moto-serra abafa o som do seu coração que bate, à adolescente que segura uma boneca que nunca teve depois que ela se forma em seu corpo e estará com ela pelo resto da vida — a todas essas mulheres proclamo a minha feminilidade.

A partir dos namorados escondidos aos namorados que se beijam à luz da lua enquanto bombas caem a poucas jardas de seus sonhos, lembrando-me de sentir alegria quando os atletas e os inválidos ousam se beijar, quando os judeus e os árabes ousam se beijar, quando irlandeses e ingleses ousam se beijar, quando homem e homem ousam se beijar, quando mulher e mulher ousam se beijar, quando negros e brancos ousam se beijar, lembrando-nos de tudo o que, tão duradouro quanto o ato de amar, evoca o medo em nosso coração, lembrando-nos de que ainda temos de andar mais uma milha até o céu.

A partir do movimento das pessoas, os movimentos em busca dos lugares mais altos, a princípio objeto de desaprovação e medo, crescemos como dançarinos rodopiando pelo espaço, o sangue se espargindo no ar e flutuando para baixo em movimento lento, a poeira de estrelas da intenção perfeita, como dois patinadores, um erguendo o outro ao alto para o mundo os ver, estatelando-se no gelo brutal em momentos essenciais. Inspiram-me os pares à proporção que tentamos entender nosso destino aqui.

Dilacerei minha alma, trabalhei como um mouro, chorei de humilhação, bati-me contra a confusão, a apatia e a desilusão, encarei minhas crenças repetidas vezes, até pensar que eu ia me afogar na tristeza; no entanto, aqui estou, na aurora de um novo milênio, profundamente informada por toda a vida e por todo o amor. Estou pronta para dar o passo seguinte. Só que, desta vez, estou cheia de calma e graça, sinto menos medo do que antes, aprendi a ser piedosa a despeito de mim mesma, de fato, *converso* com as árvores e ouço o vento. Aguardo instruções.

Holly Near
Cantora e compositora, Califórnia

O Coração Aberto a Tudo

A certa altura, você diz aos bosques, ao mar, às montanhas, ao mundo: Agora eu estou pronto. Agora vou parar e prestar toda a atenção. Você se esvazia e espera, ouvindo. Depois de algum tempo, ouve: não existe nada ali. Nada exceto as coisas sozinhas, esses objetos criados, separados, crescendo ou conservando, ou oscilando, tomando chuva ou chovendo, retidas, em fluxo ou refluxo, ficando, ou dispersas. Você sente o verbo do orbe como uma tensão, um zumbido, uma única nota em coro e em toda parte a mesma. É isso: esse zumbido é o silêncio...

O silêncio é tudo o que existe. O alfa e o ômega. É Deus que paira sobre a face das águas; é a nota combinada de dez mil coisas, o gemido de asas. Você dá um passo na direção certa para rezar a esse silêncio e até para destinar a oração ao "Mundo". As distinções empanam. Saia da barraca. Reze sem parar.

Annie Dillard
Autora, Connecticut

* * *

Parte 3

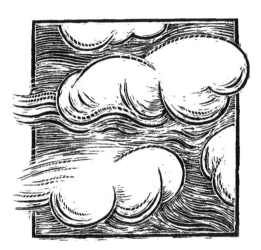

ESTE MOMENTO
no TEMPO

No mesmo canto em que hoje me sento
Outros vieram, em épocas passadas, se sentar.
Passados mais mil anos, outros virão.
Quem canta, quem ouve o canto?

NGUYEN CONG TRU

Em nossa curta história, a espécie humana criou centenas de sistemas para medir o tempo. Os hindus, os chineses, os japoneses, os sumérios, os judeus, os gregos, os romanos, os cristãos, os muçulmanos e os africanos criaram uma sucessão de calendários, dos quais muitos ainda estão em uso. Com isso em mente, temos de reconhecer a natureza relativa de todos os calendários; um não é mais "verdadeiro" do que o outro. Enquanto o calendário da era comum tem suas origens no dia do nascimento de Cristo, os estudiosos da Bíblia defendem que o verdadeiro nascimento de Jesus deu-se entre três e seis anos antes do ano que equivale ao ano zero. Por conseguinte, o milênio da era comum que observamos é arbitrário, e seu valor é simbólico em vez de coincidente com um número exato de órbitas da Terra em torno do Sol desde o nascimento de Cristo.

Evidentemente, aos cristãos o milênio oferece um momento importante para lembrar a vida de Jesus e renovar seu compromisso de lealdade ao seu sentido; no entanto, em nosso mundo cada vez mais secular e de fé comum, o milênio chegou para valorizar outras qualidades além dos dois mil anos do nascimento de Cristo. Nesse sentido, a palavra *milênio* significa tanto um momento — aquele ponto no tempo quando o odômetro em nosso calendário mostra três zeros — como também um período quase incompreensível de mil anos. Trata-se de um contraste forte: um momento e mil anos compostos de momentos. Em sua escala, são coisas inteiramente diferentes; contudo, em sua essência, são idênticas. E sua essência é o *agora*. Na Parte 3, muitos dos autores nos lembram que viver no presente é ter a experiência do verdadeiro milagre da vida. Aqui e agora é a única oportunidade que temos de viver, de deixar que o finito seja finito, e de aceitar o futuro desconhecido com a ponderação que acena com o renascimento. Os autores nos aconselham a nos tornar presentes para *este* momento — presentes em consciência e amor.

Impelidos pelos rápidos avanços da sociedade moderna, precipitamo-nos a esse momento do milênio, que é uma ponte para um território desconhecido. O que poderíamos dizer sobre os próximos mil anos? E como deveremos assinalar esse momento? Quando ele chegar e erguermos os copos para propor um brinde, o que deveremos dizer?

O impulso humano de conferir um caráter de ritual ao início de algumas coisas, e de articular o seu sentido, são encontradiços em cada cultura — o batismo das crianças, o lançamento dos navios à água, o casamento, o hino nacional no início dos jogos ou o ato de se rezar pela manhã. Essas formas de se começar algo apresentam um momento natural para falar de nossas intenções e aspirações, de nossa gratidão e de nossa afinidade, além das coisas que mais nos importam. É o momento de estender os braços através de todos os obstáculos e oferecer uma bênção.

Calcemos os sapatos, coloquemos a camisa listradinha
o terno azul embora ele reluza pelo uso prolongado
acendamos o fogo e soltemos fogos
o vinho e a cerveja fluam da cabeça aos pés,
porque devemos celebrar devidamente
esse imenso número que custa tanto tempo,

Este Momento no Tempo

tantos anos e dias em fardos,
tantas horas, tantos milhões de minutos —
celebremos essa inauguração.

Pablo Neruda (extraído do poema "2000")

A passagem do segundo milênio da era cristã para o terceiro será vista por mais pessoas do que qualquer outro aniversário na história da nossa espécie. É relevante, pois, perguntar: o que esse evento significa para nós? O que nós, pessoas tão diferentes, partilhamos em comum?

Este livro é uma resposta a essas perguntas. E a Parte 3 aborda o centro dessa resposta: *partilhamos este momento*. Aqui deparamos irmãs e irmãos. A partir desse "ponto imóvel do mundo rodopiante", nossos gestos mútuos têm de fato sentido, e nossa comunhão é real.

* * *

Mais mil anos perfizeram o seu ciclo.
A natureza respondeu a cada ciclo do tempo.
Como os seres humanos se adaptaram às exigências do tempo?
Como exaltaram a grandeza deste planeta?
Tudo o que pensamos, dizemos e fazemos em nossa vida exerce
    um efeito de maturação sobre o planeta.
Jamais sabemos o que se aproxima,
    mas de fato temos consciência de que nossos atos trazem
    conseqüências.
Assim, o milênio é um grande novo começo.

Este Momento no Tempo

Um momento decisivo e radiante.
Em cada momento decisivo, há uma responsabilidade maior,
    bem como expectativas renovadas, que nos revigoram.
É um tempo auspicioso para prestar homenagem
    a quantos sacrificaram a vida
    para o engrandecimento da humanidade.
É uma oportunidade de fazer um voto
    de nos respeitarmos e amarmos com delicadeza.
Enquanto viramos outra esquina no tempo
    apoiemo-nos mutuamente em nosso melhor empenho.
Oremos para servir o que é mais alto em tudo.

Possamos dar graças ao passado.
Possamos dar cálidas boas-vindas ao futuro.
Possamos viver com sabedoria no presente.

Juntos, possamos fazer deste mundo um paraíso melhor.

Gurudev Siddha Peeth Gurumayi Chidvilasananda
Ganeshpuri, Índia

* * *

Abençoa-nos, Ó Deus,
e a estas tuas dádivas
de dois mil
do *anno Domini:*

    o ar nos envolvendo com sua película sedosa
    grandes faixas de azul à frente
        apreendendo horizontes por meio de aros

ouro dos flocos de sol, cedro pássaro-escarlate
 lilases, catedrais, mantas e chuva
 casca de laranja e floresta de sândalo,

pórticos embalando um milhão de estrelas
a praia e uma salga de gaivotas no ar.

 fogueiras em acampamento e grandes
 acres solitários de piedade

que estamos prestes a receber
de Tua bondade
 de Tua grandeza
 estupenda

através de Deus, cujo milênio
 dura apenas um brado
 antes que seja tempo
 de três mil
 do *anno Domini*:

Abençoa-nos, Ó Deus,
e a estas Tuas dádivas

> *Irmã Eileen Haugh, Ordem de São Francisco*
> *Tau Center, Minnesota*

* * *

Este Momento no Tempo

Nos últimos dias do século,
o peso de mil anos,
o esgotamento de tentar reter mentalmente
um milênio — torna o meu perfil
um ponto de interrogação, um traço recurvo
no entanto, sorrindo em face do sem sentido

* * *

Mais pessoas vivendo do que já morreram.

* * *

Uma praia, um parque;
amanhecer, crepúsculo da tarde;
braços erguidos, círculo, abraço.

Bem-vindo, cantamos.
Bem-vindo, cantamos,
e marcamos o tempo.

Assim, continue — dois, três, quatro.
Seja bravo, Ó próximo.
Seja corajoso.

Gene Keller
Poeta e unitário, Texas

* * *

Este Momento no Tempo

Agora é o momento
De escalar a montanha
E da razão contra o hábito.
Agora é o momento.

Agora é o momento
De renovar o solo árido da natureza
Arruinado pelos ventos da tirania.
Agora é o momento.

Agora é o momento
De principiar a litania da esperança
Agora é o momento.

Agora é o momento
De me dar rosas, não de guardá-las
Para o meu túmulo.
Dê-as a mim enquanto o coração me bate,
Dê-as hoje
Enquanto o meu coração anseia pelo jubileu.
Agora é o momento...

Mzwakhe Mbuli
Artista performático e ativista, África do Sul

* * *

A marca do novo milênio — o ano dois mil —
Requer que melhoremos, não acha?
Três zeros perfeitos em total alinhamento,
Uma trindade de vazio sagrado.

Três ovos, graciosos e grandes,
Em atenção,
A sua curva delicada volteando
Em arco lousas em branco de potencial infindo,
Emoldurando a promessa doce
Do poder condensado e da possibilidade,
Pulsando silente sob a superfície.

Zeros imponentes, os três lado a lado,
Lançando seu chamado ao perdão e à ação imediata.
É o momento, parecem dizer
Em sua forma rotunda,
De abrir o coração
E resgatar o espírito.
Sugerem em larga medida algo do Céu.

Ansiamos por melhoria,
Preparados para dissipar nosso ressentimento pegajoso,
Prontos a dispensar os pensamentos difíceis
Que conservam como refém o coração exuberante,
Apertam e torcem a mão aberta,
Fazendo-a retrair-se.

Não se engane:
Começamos a ter condição
De abrir a porta do perdão, que pesa e range.
Estamos quase lá.
O trio de zeros de boca aberta nos faz uma serenata,

Cantando como a generosidade
De nosso coração será resgatada;
E nosso conhecimento profundo de cada um voltará.

Belleruth Naparstek
Autora, professora e assistente social, Ohio

* * *

Neste momento decisivo, como em outros,

Fazemos uma trégua em nossa luta para sobreviver
e relaxamos na passagem do que não é mais.

Fazemos uma pausa em nossa tristeza
e repousamos num tapete de musgo verde.

Fazemos uma pausa em nosso anseio
e bebemos na suficiência deste momento.

Fazemos uma pausa em nosso horror ao vazio
e adentramos um vazio mais fundo: imóvel, luminoso e doce.

Neste momento decisivo, como em outros,
respiramos e damos um passo à frente
despreparados mas em vigília.

E vocês, irmãs e irmãos,
farão uma pausa em que
neste momento decisivo, como em outros?

John Davis
Professor, Ridhwan School, Colorado

Este Momento no Tempo

Porque o futuro está aqui, ele nunca chega.

Detemo-nos, solenes, às raias do novo milênio,
olhando com dificuldade para uma neblina que se arrasta do
   horizonte ao crepúsculo;
imaginando o que 2000 trará.

Agachamo-nos, ansiosos, em torno do fogo no acampamento.
Os olhos vidrados com o tempo brumoso que
espalhamos sobre o planeta,
dentro dele, sob ele e além dele.
O medo escorrendo para o solo de nosso espírito.

Postamo-nos, esperando a aurora brilhante,
Ansiando pelo abraço pleno,
Contando com a chegada do reino
Pedindo que a glória da luz, do amor
e da alegria duradoura reine.

Todo o tempo sabendo que
ela só pode ser o que somos.
Porque o futuro nunca chega:
Ele já está aqui.

Puran Perez
The Sufi Way, Nova Jérsei

* * *

É o último dia do "velho" milênio.
É o primeiro dia do "novo" milênio.

      Percebe a diferença? É importante?

Este dia é especial porque é *hoje*.
Este momento é especial porque é *agora*,
   e você está vivo, e este momento, como todos os outros, está repleto de potencial até a borda.

      De fato, este momento não tem bordas.

Ele se enche e flui naturalmente para o momento seguinte;
   para o seguinte, e o seguinte,
      cruzando o limiar do milênio.

      Repare no limiar mas, é claro,
         não o transponha.

Agrade os olhos com as margens dessas fronteiras imaginadas.
Agrade também o coração.
Observe sobretudo o que se junta, o que é contínuo...
   de momento a momento, lugar a lugar, a forma da vida para a forma da vida.
Habita nessa continuidade a substância vital, fonte da verdadeira alegria.

Janet Kahn
Socióloga e terapeuta somática,
Peace Village Projects, Inc., Maryland

* * *

Talvez
por um momento
os datilógrafos venham a parar de datilografar,
as rodas de rodar,
os computadores de computar,
e o silêncio se estender pela cidade.
Pois, num instante, na quietude,
o carrilhão das esferas celestiais será ouvido
enquanto a Terra se equilibra
na escuridão cristalina,
e depois, com graça,
se inclina.

Que haja uma estação
em que se ouça a santidade
e o esplendor da vida se revele.
Perplexos à imobilidade por meio da beleza,
lembramos quem somos e por que estamos aqui.
Há mistérios inexplicáveis.

Não estamos sós.
No universo, move-se o Indômito
cujos gestos alteram o eixo da Terra
rumo ao amor.
Na escuridão imensa
tudo gira com alegria.

O cosmos nos envolve.
Apanha-nos uma teia de estrelas,
embala-nos um abraço oscilante,
uma noite santa,
bebês do universo.

Este Momento no Tempo

Seja este o tempo
de despertarmos para a vida,
como a primavera,
no solstício de inverno.

Rebecca Parker
Presidente, Starr King School for Ministry, Califórnia

* * *

"Quase o século XXI" —
com que velocidade o pensamento fica datado,
até antiquado.

Nossa esperança, nosso futuro,
passarão como a esperança e o futuro dos outros.

E toda a nossa angústia e terror,
nossas noites de insônia,
nossos pesares,
hão de aparecer como de fato são —

Abelhas atordoadas e em delírio no chá de essência de jasmim.

Jane Hirshfield
"Jasmine"
Poeta, Califórnia

* * *

24 de Março de 1996

Caro Mundo,
18.400 anos atrás, esse cometa
que chamamos (em 1996) Hyakutake
aproximou-se da Terra (a dez milhões
de milhas de distância, eu disse dez milhões); e nós

podemos vê-lo a olho nu,
flutuando no céu como
uma cauda de luz. Na última vez
que veio a uma distância de dez milhões de milhas,

os seres humanos estavam acabando de cruzar
as geleiras terríveis,
o Estreito de Bering, rumo a essa
massa de terra, a América do Norte,

uma das Tartarugas flutuantes remanescentes.
As Tartarugas sussurraram, "Salto de
fé, sonho, salto de fé, sonho",
à proporção que o cometa se aproximava a uma distância

de dez milhões de milhas, bem próximo. 18.400
anos depois, as Tartarugas sussurram,
"Salto de fé, um planeta, salto de
fé, um povo". Este planeta

flutuando através dos astros, cometas
que voltam para casa para cantar às Tartarugas:
"Atravesse as geleiras terríveis
do coração humano, salte."

Alma Luz Villanueva
Autora, Califórnia

"*Aos olhos de Deus, um dia pode ser mil anos,*
e mil anos podem ser como um dia."
Limiar
Apenas nova aurora
Como cem milhões de outras auroras
que vieram e se foram
"*Cada qual com problemas suficientes*
por si mesma..."
No entanto, cada dia (após dia após dia)
encheu-se — bênçãos — milagres — surpresas
Ainda
Limiar
Este dia como mil anos
Novo

Desperta-nos, Ó Desperto
Sê a Estrela Matutina, Ó Ungido
Esse dia é quanto temos
em que despertar
Para servir e abençoar
Para curar e ser —
e é o bastante
"*Pois qualquer um que me ouvir batendo*
abra, que eu
entrarei..."

Celeste J. Rossmiller
The Naropa Institute, Colorado

* * *

O s milênios bradam uns aos outros
   através da grande partilha do tempo
como uma massa de pessoas que chegue a uma
   praia e brade às ondas
ou aos barcos de pesca distantes que não
   podem ouvi-los.

Toda vez que um século começa
é um limite.
Tesouras encantadas cortam direitinho a tira do tempo
e o começo do ano
dá-se como se em gelo sobre a água funda,
farristas se arriscando bêbados e separados, pelo caos,
das pessoas de antes, vestindo trajes de repente fora de moda
   com maneiras antiquadas, obsoletos modos de pensar

apartados do fluxo do tempo para a frente
rígidos como manequins
em exibição nas vitrinas
       de lojas de departamentos que não funcionam mais.

Mas o anjo gigantesco do milênio, brilhante como peltre polido
com amplas asas amarelas e rosto de
   inocência lunar
recolhe e distende as asas desde as
almas agoniadas do século anterior
até as almas, nascidas ou não, do próximo
as quais de algum modo pensam que estão
   livres do tempo e da responsabilidade e do
       legado do último século

e esse anjo aprazível com mestria lhes põe nos olhos
um fulgor sobrenatural, que mostra
que o coração único da humanidade

Este Momento no Tempo

tem um canto singular para cantar
para um Ouvinte singular

mas ele pode ser percebido pelos
   seis bilhões que abarrotam
      o planeta no tempo!

Daniel Abdal-Havy Moore
Muçulmano sufi, poeta, Pensilvânia

* * *

Novo Milênio
Velho Milênio,
O tempo é atemporal.
Apreender é inútil
Rejeitar é doloroso,
Cuida das coisas, manso e gentil.
Qual uma mãe que segure o filho
Não muito frouxamente, nem apertando-o.

Martine Batchelor
Mestra zen-budista, Sharpham College, Inglaterra

* * *

Este Momento no Tempo

Onde está esse Novo Milênio? Mas onde pode ser encontrado? Que extraordinárias criaturas nós somos! Sentimos satisfação num evento que passa, ou mesmo sentimos angústia. O que fazemos dele é o que fazemos dele.

Não é só a idéia de um Novo Milênio que espanta, mas a idéia correspondente de que há países nesta Terra que acreditamos também sustentam uma realidade verdadeira. Em que lugar estão esses países? Que estranha espécie somos, batendo-nos e matando por causa da idéia dos países. Ah, eu sei o que você está pensando. Os animais são territoriais. Fazem a mesma coisa. Ah, então nós somos animais com armas sofisticadas? Queremos de fato proteger as áreas delimitando fronteiras com a urina?

Onde está esse Novo Milênio? Existe algo concreto sobre ele? Algo que está lá, na natureza, e que proclama esse assim chamado evento principal? Que criaturas estranhas nós somos! Queremos impor uma não-realidade à simples realidade da Terra, infensa a dias, décadas, anos e países. Ah, eu sei o que você está pensando. Temos de celebrar este momento histórico. Ele poderia ajudar a forjar um novo começo; mas como ter esperança de que o número dois mil faça isso?

O que é esse Novo Milênio? Nada, nada menos do que um pensamento concebido no cérebro. Com projeções, investimentos e identificação, podemos criar um grande evento a partir de um número. Será que vamos ser como os astros de Hollywood, brilhantes por sermos quem não somos? Brilhantes ao nos projetarmos num milênio?

Sejamos claros; livremo-nos do alarde em torno de um número, de um mundo de sonho. Em vez disso, celebremos o fim em nossa mente de qualquer realidade conferida à idéia vã do dois mil. Deixe de lado o mito do nosso Novo Milênio.

Celebremos o final dos números e das divisões. Vamos pôr abaixo o mito do estado nacional e de sua contribuição quanto a urinar na Terra.

Em vez disso, possamos nos unir nesta Terra maravilhosa e conhecer a nossa liberdade iluminada, sem as tintas do espalhafato e do horror.

Christopher Titmuss
Mestre do Dharma, Gaia House, Inglaterra

* * *

O milênio é um pontinho pintado no oceano
Onde você pescou um peixe, certa vez.

Alan Senauke
Buddhist Peace Fellowship, Califórnia

* * *

Que o louvor ao primeiro instante de um novo milênio
possa tornar-nos conscientes de seu aspecto nada sério:
 sua preciosa vacuidade.
Proclamemos, repetidas vezes, que não nos deixaremos
espremer na prensa
> de um milênio e do próximo,
> do passado e do futuro,
> do portentoso e do comum,
> do êxito e do fracasso,
> da conquista e da perda,
> da fama e da infâmia,
> de mim e do outro.

A liberdade deve ser descoberta do lado de fora dessas divisões,
e a eternidade pode ser achada em cada grão do tempo.

José Reissig
Cientista e mestre de meditação, Nova York

* * *

Querido Deus:
Há de fato algo,
algum sentido
alguma mágica
nesse dois mil?

Doce divindade,
Obviamente, você não vai nos dizer
que não é como o seu efeito

que ali há alguma luz fraca
algo sobre forjar o nosso sentido
sem dúvida

Eis uma invocação, bem-amado:
Reunamos
nossos amores nossos laços nossas ilusões
nossas riquezas nossas tristezas nossos pobres
nossos parceiros nossos filhos e amigos
nossas posses obsessões triunfos mistérios
e os carreguemos como ponte para o alto
cruzando o limiar do dois mil

E vamos nos admirar
de que, neste mundo,
onde ninguém concorda sobre nada
e tudo é por demais valioso para não ser disputado
milhões de nós
ainda concordam que é o ano dois mil

Kiran Rana
Editor, Hunter House, Califórnia

* * *

Milênio esquimilênio —
o tempo é Agora
Está esperando a Revolução?
cansado demais para contra-atacar
assim, a consciência de fato não vai pegar você

antes das nove até as cinco e se comprometer
a continuar batendo à sua porta com dois *tickets* para
a Nova Jerusalém.
Mexa-se!
Depois de espreguiçar-se
vá em frente reze
leve
o seu Amor
para
as ruas
e ria!
O milênio acontece numa passada
numa opção
num gesto
Agora.

Danielle LaPorte
Co-diretora, The Next Level, Washington, D.C.

* * *

... Acendemos uma velinha fina
para cada volta em torno de nosso pequenino sol.
faça um pedido
e tente soprá-las todas de uma única vez.
entre os astros próximos e os que tomamos em fé
não há média distância. nenhuma medida eqüidistante
dos anos que eles dizem a luz leva para chegar lá.
dizem que as almas jornadeiam de outras vidas para chegar a
esta por meio do que chamamos viver aqui então

e depois
para a coisa seguinte a que nos falta o nome.
parece não haver razão para correr.
nenhuma necessidade ter de que estamos indo rápido demais
viajamos na proximidade constante. é sempre agora.
aqui estamos, portanto, estamos aqui.
mais longe vamos, mais próximos de casa...

Jerry Martien
"Cake an Ice Cream"
Poeta, Califórnia

* * *

À noite, espero um sinal
no vento, uma quietude
no frio, águas escuras
antes de saltar
do rochedo,
sabendo que meu corpo deve achar
o seu caminho pelas trevas.
Começo cada mergulho como a primeira vez —
uma invocação sussurrada.

Amy Uyematsu
Professora e poeta, Califórnia

* * *

Este Momento no Tempo

Provamos do mundo.
Moléculas de caos e possibilidades
reinam em nosso corpo.
Você foi atirado ao rio
para habitar na transformação.

Holly St. John Bergon
Poeta e professora, Nova York

* * *

Por que esta Terra
de modo solene
gira
por que este sol
circula à noite
deitando sombras através do pórtico que submerge
oscilação
por que esta mulher
em sagrado arrebatamento
repete a história humana
por que esta criança
cresce em beleza
ri e chora
vive
rodopiando, jamais escapando
essa narrativa simples tece-nos
em reflexos
versões uns dos outros

girando girando
vemos
como a lua brilha clara

Kateri Damm
Poeta, Canadá

* * *

Na primeira noite,
zunindo com a derradeira luz
que desliza por tudo,
que o corpo beba o ar
mais fundo, a parte inferior das costas
a expandir-se como uma constelação
com uma única estrela a desgarrar-se.
As mãos, com marcas de meteoros,
abram-se, liberando tudo o que retiveram —
moedas, martelos, volantes
e as faces sedosas
das crianças — para encontrar
na terra o que de fato têm.
Que o cocuruto da cabeça
afaste-se dos ombros
para perto
de onde alguém espera.
Esqueça os prognósticos que ouviu
quando tinha menos idade
do que a criança que agora faz barulho
na escada de serviço

toda sorridente e ofegante
pelo que estamos aqui para fazer.
Olhe para baixo. Olhe as estrelas.
Estamos aqui tão pouco tempo, atmosfera
com ossos.

Wyatt Townley
"Prayer for a New Millennium"
Poeta, Kansas

* * *

Vamos vestir trajes de plumas, roupas cor de açafrão, pele de
    bisão e dar as boas-vindas à aurora de mais um milênio
Vamos vestir a máscara do deus do trovão, louvar o tolo,
    o chamado do rapsodo

Vamos celebrar nossa linha caudada — bactérias, peixes, os
    mascadores de bambu, os músicos, os monges,
        os militares, os mercadores, os carteiros, todos os com
        pata de macaco
            — vamos trazê-los para dentro e partilhar o
            nosso grão

Vamos revestir o tapa-orelhas com pêlo de lince —
    os lobos voltarão se lhes dermos boas-vindas, os ursos
    também,
        as lebres & caribus das botas de neve —
            vamos abrir os bosques ao carcaju

Este Momento no Tempo

Vamos acordar! O sol em nossos olhos —
    sem um texto, sem uma oração —
    cobrimo-nos de escamas, perdemos as escamas,
    afiamos as ferramentas
    bradamos cânticos de guerra por dez mil anos,
    agora é tempo de calar & ouvir:
    presos entre a estiagem e a chuva fatal,
    é tempo de sentar, observar a respiração,
    agora é tempo de nos mantermos quietos —

    Olhos de pálpebras vermelhas,
        crista de cadeia de colinas escarpadas,
        no primeiro refulgir do dia, patas na lama —

Os cães brancos da manhã uivem ao sol.

Fred Ferraris
Poeta e arquiteto, Colorado

* * *

Basta. Estas poucas palavras bastam.
Se não estas, este alento.
Se não este, o estar sentado aqui.

Esta abertura para a vida
nós a recusamos
sempre e sempre
até agora.

Até agora.

David Whyte
Poeta, Estado de Washington

Este Momento no Tempo

Uma criança estava de pé em seu assento num restaurante,
segurando a parte de cima do espaldar da cadeira
como que a dirigir-se à sala de um tribunal,

"Ninguém sabe o que vai acontecer a seguir".

Que o seu tobogã sinuoso a leve de volta à comida,
aliviada e orgulhosa por dizer a verdade,
como estávamos por ouvi-la.

Coleman Barks
"The Railing"
Poeta e tradutor, Georgia

Parte 4

A CRIAÇÃO de
COMUNIDADES de PAZ

Lá está, diante de nós, se quisermos, o avanço contínuo na felicidade, no conhecimento e na sabedoria. Devemos, em vez disso, escolher a morte, porque não podemos nos esquecer de nossas lutas? Apelamos, seres humanos, aos seres humanos: Lembrem-se de sua humanidade e esqueçam o resto.

ALBERT EINSTEIN

Enquanto a história está inscrita com os nomes dos líderes famosos, não é fundamentalmente pelos atos dos indivíduos que conseguimos sobreviver até agora, mas, de preferência, pela ação das comunidades. Somos animais sociais, e só através da cooperação e da comunicação fomos capazes de sobreviver às guerras, à fome, ao massacre dos judeus, às pragas e aos desastres naturais que nos assolam. A comunidade é nossa estratégia básica de sobrevivência e evolução.

A comunidade significa a força da unidade para realizar a obra que precisa ser feita. Implica braços que nos amparem quando falharmos, um círculo de cura, de amigos, algum lugar em que podemos ser mais nós mesmos. Evidentemente, as comunidades nem sempre dão semelhante apoio. Algumas delas, a fim de conservar sua coesão, formulam leis estritas de identidade e comportamento, levantando barreiras contra o "outro" — quem quer que seja diferente delas. Essa desconfiança passa por muitos nomes — sectarismo, bairrismo, tribalismo, classismo, nacionalismo, xenofobia, racismo. Qualquer que seja o rótulo, a desconfiança da proteção de nós mesmos serve para conferir unidade a um subgrupo à custa de uma comunidade mais ampla.

É um desejo natural juntar-se a quantos pensam como nós ou se parecem conosco. Talvez nos sintamos mais à vontade com "os da nossa raça"; mas a saúde e a força de nossas comunidades e das nações dependem de nossa tolerância quanto à adversidade, não da nossa identidade. As orações na Parte 4 nos incitam a aceitar a possibilidade da verdadeira coexistência com pessoas que parecem diferentes, pessoas que não compreendemos e cujos pontos de vista não partilhamos. Como podemos fazer isso? Como sobrepujar a desconfiança e a dúvida?

Fizemos essa pergunta ao grande monge cambojano Maha Ghosananda, um homem que fez muito mais do que qualquer outro para sanar o espírito de seu país dividido. Sua resposta foi tripla: primeiro, livre-se de seus julgamentos e reconheça que você não conhece esse "outro"; em segundo lugar, faça perguntas — pergunte o que importa aos que são diferentes de você, pergunte sobre o sofrimento dessas pessoas; e em terceiro lugar, ouça com respeito e coração aberto. Se fizer essas coisas, o processo de reconciliação e paz já terá começado.

Cada um de nós sabe que aceitar a verdade e a presença do "outro" nem sempre é fácil.

> A parte mais difícil é o povo.
> Assim, Senhor, ajuda-me a encará-lo
> sem rancor nem decepção.
> Ajuda-me a ver a dor por trás de seus atos
> em vez da malícia;
> o sofrimento em vez do ódio.
>
> *Karen Holden*

Essa prática requer que estejamos arraigados na nossa humanidade comum, em vez de isolados em nossa identidade ou grupo separado. Ela nos pede para reconhecermos que uma

A Criação de Comunidades de Paz

das principais coisas que partilhamos é a nossa diversidade, e que essas diferenças — embora reais — não precisam ameaçar nossa identidade nem nossa verdade. A coexistência requer de nós que percebamos a natureza interdependente de todas as comunidades, e que aprendamos a respeitar todas as vozes, concedendo-lhes (e até encorajando) o direito de serem ouvidas. Sim, a mensagem de algumas vozes pode parecer perigosa a uma comunidade mais ampla; contudo, se ouvirmos com respeito e piedade, poderemos mudar a natureza combativa de oposição para reconciliação. Ao aceitar a diversidade natural da vida, podemos descobrir o que temos em comum e construir pontes que possibilitem a perpetuação de nosso trabalho mútuo.

Tu, aquele
De quem por vias diferentes
Todos nós viemos,

A quem por vias diferentes
Todos nós vamos,
No coração nos fortalece o que nos une;

Constrói pontes através do que nos divide;
Unido, faze-nos rejubilar em nossa diversidade,

Conformes em nosso testemunho de tua paz,
Arco-íris de tua glória,
                Amém.

Irmão David Steindl-Rast, da Ordem de São Benedito
Mount Saviour Monastery, Nova York

* * *

Plantaremos oliveiras
onde antes
havia espinhos.

Todos nós o mesmo,
cada um de nós diferente,
andaremos de mãos dadas
com uma nova canção
de amor nos lábios.
Plantaremos oliveiras
onde antes
havia espinhos.

A partilha
é a única necessidade premente
neste alvorecer
de um novo século.

Paz, *peace, paix,*
mir, shalom, salaam:
plantaremos oliveiras
onde antes
havia espinhos!

Federico Mayor
Diretor Geral Espanhol, UNESCO, França

A Criação de Comunidades de Paz

A_h —
Que eu seja o seu abrigo
A sua terra
O seu tudo
O seu amigo
A sua água —
quando você estiver sedento

O caminho diante de mim era para eu fazer
Não havia estrada nem vereda a se tomar
Enquanto a minha vida se feria nesse caminho lamacento e
    pedregoso
Outros mourejavam ao meu lado para um novo dia de justiça
Ainda me sinto só a maior parte do tempo
Prosseguindo com essa minha luta pela doce liberdade

Ontem topei com uma curva
Vi você de pé, que me estendeu a mão
Tinha visto você antes, Oh, muitas vezes
Ora, sua vida abrira caminho para perto da minha
Mas agora você faz o sol se erguer no meu céu
Embala, meu bem, o meu berço, faz-me voar
Conserva a minha companhia

Ah
Que eu seja o seu abrigo
A sua terra,
O seu tudo,
O seu amigo
a sua água —
quando você estiver sedento.

Bernice Johnson Reagon
Cantora, compositora e historiadora, Washington, D.C.

A Criação de Comunidades de Paz

Os árabes costumavam dizer,
Quando um estranho lhe aparece à porta,
alimente-o por três dias
antes de perguntar quem ele é,
de onde veio,
para onde vai.
Dessa forma, ele terá força o bastante
para responder.
Ou, a essa altura, serão tão amigos,
que você nem quererá saber.

Voltemos a isso.
Arroz? Castanhas?
Tome aqui, o travesseiro de brocado vermelho.
Meu filho vai dar de beber
ao seu cavalo.

Não, eu não estava ocupado quando você chegou.
Não estava me preparando para estar ocupado.
Essa é a armadura que todos vestem
no final do século
para fingir que têm um objetivo
no mundo.

Detesto que reclamem de mim.
Seu prato já está pronto.
Vamos cortar hortelã
Para o seu chá.

Naomi Shihab Nye
Autora, Texas

São todos crianças quando dormem.
Não há guerra neles.
Abrem as mãos e respiram
no ritmo lento que o céu deu aos humanos.

Quer soldados, estadistas, empregados ou patrões,
enrugam os lábios como criancinhas
e todos abrem parcialmente as mãos.
Estrelas postam-se em vigília, e o arco do céu se torna enevoado por algumas horas, quando ninguém causa dano a ninguém.

Ah, se pudéssemos conversar uns com os outros neste instante, quando os corações são flores semi-abertas.
As palavras abririam caminho
como abelhas douradas.

— Deus, ensina-me a linguagem do sono.

Rolf Jacobsen
Poeta, Noruega
Traduzido para o inglês por Glenn Storhaug

* * *

Uns com os outros podemos construir uma nova Terra, um lugar de completude na diversidade. Podemos transformar nossas organizações em comunidades, em lugares de piedade e carinho.

Nossos líderes vão-se concentrar em afirmar e renovar os valores, construindo a comunidade e liberando as possibilidades humanas. A conexão, não a aquisição, será vista como principal aspecto motivador do homem. A questão fundamental será: como posso ajudar?

Juntos, construiremos espaços de renovação, criando lugares seguros nas organizações com problemas, sementeiras para um novo mundo. Defenderemos uma nova liderança, baseada no serviço acima do eu. Substituiremos o líder no topo de nossa pirâmide por um círculo de liderança que vá além da retórica da participação rumo ao verdadeiro governo partilhado.

Ao conclamar esse novo dia, possamos ser orientados pelo nosso coração, possamos ser os vasos para a luz que confere poder ao Universo, possamos ser um acorde em uma canção de nosso Lar sanado e santo.

John Jacob Gardiner
Professor de Liderança, Seattle University, Washington

* * *

Todos bebemos de uma única água
Respiramos um único ar
Erguemo-nos de um único oceano
Vivemos sob o mesmo céu

A Criação de Comunidades de Paz

Lembra:
Somos um

O recém-nado grita o mesmo
O riso das crianças é universal
O sangue de todos é vermelho
Nosso coração bate ao som da mesma canção

Lembra:
Somos um

Somos todos irmãos e irmãs
Uma família só, uma terra só
Juntos, vivemos
Juntos, morremos

Lembra:
Somos um

A paz esteja com vocês
Irmãos e Irmãs
A paz esteja com vocês

Anwar Fazal
Ganhador do Right Livelihood Award, Malásia

Enquanto começamos a trabalhar, possamos nos lembrar de que a metade da população mundial nunca usou um telefone, e possamos lembrar também, enquanto tagarelamos, que a maior parte dos que nos rodeiam não têm oportunidade de falar nem de se deslocar como queriam. Possamos nos lembrar de que mais de um bilhão de seres vivem sem comida, e de que um número aproximado de crianças vivem em meio à pobreza e à guerra.

Possamos ter a força de questionar nossos deuses e a graça para respeitar os deuses alheios; possamos nós, num globo que se contrai e expande, honrar as nossas diferenças, enquanto encontramos uma linguagem em que falar delas conjuntamente. Possamos lembrar que a responsabilidade do afortunado é responder às orações dos outros, e o privilégio do abençoado é causar a gratidão geral; possamos cantar hinos para as oportunidades que amiúde ignoramos e dizer aleluia aos momentos que são dádivas de todo dia.

Possamos nós falar as melhores coisas sobre nossos vizinhos e atentar para o pior em nós mesmos; possamos ter a coragem de fomentar a piedade com o discernimento, e sensatez para fazer o conhecimento seguir de mãos dadas com a inocência.

Possamos nós, acima de tudo, no clamor do momento, ter um espaço para recolher o que entesouramos, e um momento de silêncio em que recordar o fato de que o progresso, fundamentalmente, nos leva para trás, rumo ao essencial e ao profundo. E possamos continuar, em meio à aceleração e às oportunidades do momento, a ver o que existe além de todos os momentos, e a nos regozijar nas almas sábias entre nós (e nestas páginas) cujos desafios, injunções e lembretes atendem à nossa súplica e às nossas necessidades, enquanto nos deixam com perguntas que é nosso dever — nosso prazer — levar para casa.

Pico Iyer
Autor, Califórnia

A Criação de Comunidades de Paz

Deus Todo-Poderoso e Eterno, o pai na Parábola do Filho Pródigo manifesta claramente seus planos para nós. Assim, perdoaste o Filho Pródigo pela sua busca frenética de prazer, por esbanjar a rica herança que lhe deste. Perdoaste o Primogênito, por condenar hipocritamente o irmão mais moço e o teu perdão terno de seu comportamento ultrajante. Insististe apenas que vivessem juntos em paz. Possamos nós conhecer tua infinita piedade e partilhá-la uns com os outros, como pessoas e nações, raças, religiões, grupos étnicos, vizinhos, lares e famílias. Concede-nos um compromisso sempre mais profundo com os direitos e necessidades de cada membro da família humana, respeito e amor cada vez maiores pela integridade e dependência mútua de toda a criação.

Abade Thomas Keating, da Ordem dos Cistercienses
da Estrita Observância,
Saint Benedict's Monastery, Colorado

* * *

Ó Deus, ajuda-nos neste período de trevas da história humana a nos lembrar uma vez mais de quem somos e de qual é o sentido de nossa existência nesta Terra. Tornamo-nos usurpadores da condição humana, desfilando como seres humanos sem total consciência do que realmente significa ser humano. Em vez de sermos um canal da Tua graça para a Tua criação, dizimamos a harmonia da vida na Terra, levando muitas das espécies (incluindo a nossa) às raias da extinção.

Ó Deus, desperta-nos no início desta nova era do sonho da negligência, e ajuda-nos a cumprir nossas responsabilidades como representantes de Tua condição soberana aqui na Terra, com deveres fundamentais uns para com os outros e para com toda a criação. Ajuda-nos a lembrar de nossa verdadeira natureza, a lembrar de onde viemos e para onde iremos. Ajuda-nos na jornada da vida a realizar Tua vontade e a agir como a ponte entre o Céu e a terra, desempenhando desse modo o papel para que Tu nos criaste. Derrama Tuas graças sobre nós no momento de nossa maior necessidade, protege-nos de nós mesmos, e permite que sejamos um fanal de luz em vez de uma nuvem escura a pairar sobre o ambiente que nos cerca. Só com a Tua ajuda é que podemos criar essa paz interior e a harmonia com o ambiente exterior, natural e social, por que nossa alma anseia. Só a consciência de Tua unidade nos pode guardar da idolatria e da multiplicidade dispersiva que destroem tudo o que o nosso ser interior procura. Oramos a Ti para que nos ajudes a continuar fiéis ao nosso eu interior, àquela natureza fundamental que ainda trazemos no mais recôndito de nosso espírito.

Seyyed Hossein Nasr
Professor de estudos islâmicos,
George Washington University, Washington, D.C.

* * *

Neste século — em qualquer século —
Nossa esperança mais profunda, nossa oração mais terna,
É que possamos aprender a ouvir.

A Criação de Comunidades de Paz

Possamos ouvir uns aos outros com aceitação e piedade
Possamos ouvir as plantas e animais em momentos de
   assombro e respeito
Possamos ouvir o nosso coração com perdão e amor
Possamos ouvir a Deus em quietude e pasmo.
Nesse ato de ouvir,
Ilimitado em sua beleza,
Possamos encontrar a sabedoria para cooperar
Com um espírito de cura, divino,
Que nos dirige à paz, à comunidade e à criatividade.
Não pedimos um mundo perfeito.
Pedimos um mundo melhor.
Pedimos que nos ouçam — profundamente.

Jay McDaniel
Professor de religião, Hendrix College, Arkansas

* * *

Somos as mulheres e os homens do milênio
Somos a sabedoria e a criatividade encarnadas,
uma voz para o desenvolvimento da energia de Gaia.
Somos a comunidade —
sagaz, animadora e piedosa,
ligada aos seres todos.
Somos mudança,
estimulando a cura interior e exterior,
disposta a estar no caldeirão da transformação.
Estamos dispostos a reconhecer nossa integridade e santidade,
a nos desenvolver com a paz, com o poder e com o amor.

A Criação de Comunidades de Paz

Somos testemunhas do sofrimento e da injustiça que nos cercam,
dispostos a ser companheiros de luta.
Acreditamos na igualdade e na diversidade,
respeitando as diferenças.
Acreditamos que dar é receber,
que, ao nos curarmos,
curamos o nosso mundo.
Acreditamos no vínculo entre as coisas,
no sermos parte de ancestrais e gerações futuras,
no sermos parte do chão, da terra e das estrelas.

Pat Cane
Ativista de direitos humanos, Capacitar, Califórnia

* * *

Louvamos a Ti, Deus de toda a Terra,
e bendizemos todos os Teus caminhos.
Em Ti, todo amor principia e finda.
Teu amor universal transcende
o nosso isolamento.

Nós Te chamamos por meio de palavras com que
revestimos culturas que são nossas.
Tu te elevas acima dos cultos
para responderes aos nossos vários nomes,
um Deus desconhecido ainda.

Ó Sabedoria, espera dentro de nós,
desperta-nos o coração para o louvor

dando poder aos impotentes
e fortalecendo por meio da gentileza
até que todos acolham os Teus caminhos.

Nossas muitas veredas levam a Ti
em todo tempo e lugar.
Nossos corações rejubilam-se ao Te servir.
Faze de tudo o que somos e de tudo o que realizamos
um canal de Tua graça.

Tornamos a Ti, Ó Fonte Sagrada
de esperança e harmonia.
Nossa obra na Terra não será feita
enquanto o coração humano não pulsar como se fosse
um só na unidade do mundo.

Miriam Therese Winter
Medical Mission Sisters, Connecticut

* * *

O mundo espiritual é como o natural — só há de ser salvo pela diversidade. Assim como a saúde de uma floresta ou de um prado perfumado pode ser medida pelo número de insetos, plantas e criaturas diversas que com êxito tornam esse prado o seu lar, só por meio de fartura extraordinária de sendas distintas espirituais e filosóficas é que os seres humanos navegarão através das trevas e dos torvelinhos que nos marcam a

A Criação de Comunidades de Paz

era em curso. "Não apenas por um caminho", escreveu Símaco dezesseis séculos atrás, "podemos nós chegar a um segredo tão imperscrutável."

Margot Adler
Jornalista e comentadora, Nova York

* * *

A principal tarefa do futuro imediato é ajudar a ativar a intercomunicação de todos os componentes vivos e não-vivos da comunidade na Terra, no que se pode considerar o período ecológico entrante do desenvolvimento do planeta. Funcionalmente, a grande arte de alcançar essa meta histórica é a arte da intimidade e do distanciamento, a capacidade que têm os seres de estar de todo presentes uns com relação aos outros enquanto afirmam e ressaltam ainda mais as diferenças e identidades de cada um.

Thomas Berry
Historiador cultural, Carolina do Norte

* * *

Venham, amigos, vamos nos unir.
Congreguemo-nos e falemos.
Temos aqui o círculo do diálogo.
Grandes são os seus mistérios.
Venham, pois, queiram sentar-se.
Vejamos o que resulta disso.
Ouvem o silêncio?
O silêncio é secreto.
O secreto é sagrado.
Por causa do Círculo, temos palavras.
Com elas, quebramos o silêncio.
Quebrando o silêncio liberamos os
Segredos.
Eis como os mistérios
São revelados.
Mistérios são eternos.
Venham, pois. Vamos nos unir.
Congreguemo-nos e falemos.

Richard Doiron
Poeta, Canadá

* * *

Pai/Mãe Deus, Espírito Santo

Ajuda-nos a ficar unidos ao nosso coração e unidos uns aos outros.
Ajuda-nos a ver o bem em nós mesmos e nos demais.
Ajuda-nos a servir o espírito da bondade em tudo o que depararmos.
Ajuda-nos principalmente a reconhecer nosso vínculo com aqueles que se julgam nossos inimigos.
Ajuda-nos a encontrar valor em nosso vínculo com aqueles que poderíamos julgar inimigos nossos.
Ajuda-nos a restaurar o amor sobre esta Terra.
Possamos todos ser alimentados.
Possamos todos ser curados.
Possamos todos ser amados.

John Robbins
Autor, EarthSave International, Kentucky

* * *

Possamos reconhecer o Espírito
em cada um de nós e o Espírito
em todos nós.

Ram Dass
Professor e autor, Hanuman Foundation, Califórnia

Rezo por um mundo em que todas as pessoas aprendam a pensar no "eu e Tu", a praticar a "existência e a coexistência" e a passar pela vida individualmente e com os outros, entretecidos, separados no entanto conectados, a exemplo da luz e da escuridão no Tao.

Rezo por um mundo onde se ensine a todas as crianças a coexistência, a cooperação e a construção da comunidade em idade jovem; que elas aprendam a tolerância e o respeito e possam superar o preconceito que herdaram dos adultos.

Rezo por um mundo em que a diferença, a tradição, a cultura e as raízes espirituais sejam louvadas, onde a meta de uma coexistência pacífica seja tão importante quanto o ar puro, a água pura e a proteção de todas as espécies na Terra.

Rezo por um mundo em que os líderes políticos estimulem o respeito pela diversidade em vez de explorar as diferenças para o lucro político.

Rezo por um mundo em que os líderes de todas as crenças denunciem o absolutismo e o fundamentalismo, onde o respeito e a tolerância para todas as expressões da união com Deus ou com o Espírito universal sejam compreendidas como expressões de nosso desejo partilhado de nos juntar ao Poder Superior.

Rezo por um planeta onde a opressão das minorias seja condenada universalmente, onde possamos todos coexistir em vez de nos extinguir; um mundo em que os ideais da coexistência e da construção da comunidade se tornem prioridades educacionais e metas sociais partilhadas.

Alan Slifka
Presidente e co-fundador, The Abraham Fund, Nova York

Para que as nações vivam, elas devem ter entre si um grupo de pessoas que lance o desafio do certo e do errado. Em cada século, deparamos pessoas que dedicam a vida a guiar as outras. Quando não há um grupo assim, o povo perece e o caos e a corrupção se alastram.

Os que corrigem o que está errado poupam as nações da destruição. Essas pessoas são os médicos da humanidade. Um doente que não procure um médico, ou que não siga os conselhos de um médico, acabará morrendo. Tal é o relacionamento entre as nações e os que se empenham em mudá-las.

A nobreza da pessoa, que nasce de altos princípios morais — esse traço de caráter é o único fator capaz de propagar o espírito de paz e tolerância. As pessoas abençoadas com esse traço trazem uma nova orientação para pôr fim à tirania, debelar o ódio do coração humano e deter o ímpeto ensandecido para o materialismo.

Oremos para que vejamos o dia em que as pessoas comuns, os líderes responsáveis e, na verdade, todos os políticos do mundo trabalhem juntos para pôr fim ao egoísmo. Então, por meio da graça de Deus, nosso mundo ver-se-á livre do ódio e do medo que existem hoje.

Xeque Mohammed Ahmad Surur
Eritréia

* * *

Não é mais novidade que vivemos numa era de mudanças radicais, em que poucas pessoas retêm uma tendência genética pura ou continuam por toda a vida na mesma situação. Nosso mundo de hoje será quase irreconhecível amanhã, e as gerações duram, na maioria das vezes, dez anos. Tudo o que sabemos ou o que soubemos transformou-se. Cada pensamento, cada terra, cada conexão não é o que costumava ser. Vivemos num globo onde o mundo simbólico de uma pessoa — um dia amplamente circunscrito pela região ou nação, a própria tribo da pessoa, a religião, a classe ou a raça — atualmente se define pelo globo como um todo.

Atualmente, ao reconhecer a união íntima de toda criatura — nas revelações da física contemporânea e da imediatez global da Internet — nós, a espécie humana, simplesmente temos de reconhecer e acolher as muitas tradições sagradas e ricas que nossas irmãs e irmãos exaltaram em seu pasmo e arrebatamento eras a fio.

Minha oração, minha esperança, minha fé por todas as criaturas que habitam esta terra nos séculos por vir baseiam-se na crença fundamental de que *apenas* se os seres humanos usarem o poder das muitas religiões e tradições espirituais do mundo nossos filhos, nossa espécie e o próprio planeta sobreviverão. Não se trata de um pensamento original. Muitas das pessoas mais brilhantes entre nós, incluindo as que participam deste volume, reconhecem o lugar fundamental da experiência universal que nos envolve (como na raiz da palavra religião: *religare*, atar). É esse atar, o reconhecimento da unidade em toda a sua diversidade de expressão, que é a base da "fé entre todos".

Por vezes me perguntam o que é a fé entre todos. Basicamente, ela é *respeito*. Respeito pelas diversas tradições, religiões e crenças. Implica vir a entendê-las. Mais ainda, implica vir a amá-las. Todos nós apresentamos muitas camadas em nossa vida. Falamos muitas línguas e ouvimos diversos tipos de música. Alimentamo-nos de coisas diferentes. É hora de nosso regime espiritual, também, tornar-se um cardápio saudável de alimentos combinados. Sua própria variedade nos deixa mais saudáveis, mais profundos e compreensivos — mais amáveis.

É hora de nos unirmos em respeito, em compreensão e na partilha comum dos muitos tipos de pão cotidiano. Nossas palavras partilhadas de fé devem ser estas: *comunhão* (não conversão), *respeito e amor com compaixão.*

Reverendíssimo James Parks Morton
Presidente, Interfaith Center of New York

* * *

Deus oculto, eterno, insondável, todo-piedoso,
ao Teu lado não há nenhum outro Deus.
És grande e digno de todo louvor;
teu poder e graça sustentam o universo.

Deus da lealdade sem falsidade, justo e sincero,
escolheste Abraão, servo devoto,
para ser o pai de muitas nações,
e falaste por meio dos profetas.
Bendito e abençoado seja o Teu nome em todo o mundo.

Seja feita a Tua vontade onde quer que haja um povo.

Deus de vida e graça, ouve a nossa prece;
nossa culpa agora é grande.
Perdoa-nos, descendência de Abraão, por nossas guerras,
nossos inimigos, nossos agravos de uns para com os outros.
Resgata-nos do infortúnio e dá-nos paz.

Guardião do nosso destino,
abençoa os líderes e governantes das nações,
para que eles não cobicem o poder e a glória
mas ajam com responsabilidade
para o bem-estar e a paz da humanidade.
Guia nossas comunidades religiosas e as regidas por elas,
para que não apenas proclamem a mensagem da paz
mas também revelem-na em sua vida.
A todos nós, e a quantos não prestam culto entre nós,
dá-nos Tua graça, piedade e bondade,
leva-nos, Deus dos vivos,
pela via reta até a Tua glória eterna.

Hans Küng, "An Invocation for Jews, Christians, and Muslims"
Presidente da Foundation for Global Ethics, Suíça

* * *

Amizade para com todos os seres,
Prazer nas qualidades dos virtuosos
Compaixão máxima para com os aflitos

A Criação de Comunidades de Paz

Equanimidade para com os que não têm boa vontade para comigo.

Que minha alma tenha para sempre inclinações como essas.

Brandura para com todas as criaturas;
domínio de si mesma, aspirações elevadas;
abandono de todo pensamento
marcado pelo desejo ou pela aversão —
eis, na verdade, o que é habitar no meu Ser.

Peço perdão a todas as criaturas,
Que elas me dêem esse perdão.
Que eu tenha um relacionamento afável com os seres
e hostil com nenhum deles.

Padmanabh S. Jaini
"A Jain Prayer"
Professor, University of California em Berkeley

* * *

Ó Deus que fazes o pão, que cuidas da cozinha e ao peito nutres,
famintos e sedentos
voltamos ao Teu regaço e à Tua mesa.
Dá-nos o pão que satisfaz,
o leite que nos alivia a garganta ressequida.
Mata a nossa fome.

Teu Espírito põe-nos em torno do pescoço
um babador feito por nosso Senhor e amigo Jesus.

Instrui-nos,
aqui no saguão do Teu reino — grande cozinha
com receitas de perdão e piedade, compaixão e redenção.
Fermenta as nossas vidas
até que se expandam em louvor:
Oferecidas, abençoadas, partilhadas
para a cura das nações.

Rev. Ken Sehested
Baptist Peace Fellowship of North America,
Carolina do Norte

* * *

Tu —
O poder da criação,
Doador da vida —
Orienta-nos em nossa estrada.
Onde houver dor —
Traze-nos conforto.
Onde houver fome —
Traze-nos alimento.
Onde houver discórdia —
Traze-nos amor.
Tu, que és
Todos nós a um só tempo.

Bruno Manser
Defensor do povo penan, Suíça

A Criação de Comunidades de Paz

Ó Wakan Tanka, Criador do Universo, Autor de Todas as Boas Coisas, o Mais Piedoso, Sempre-Misericordioso, o Mais Terno, Fonte de Toda a Vida, invoco o Teu Espírito Santo e Eterno, com nosso coração transbordante de louvor e graça, por meio do poder transformador de Tua Graça Sagrada e de Teu Amor.

E por meio do Poder dessa Graça Sagrada e desse Amor, convocamos, da direção de onde dimana a calidez do Nascer do Sol Purpúreo da manhã, todas as tribos e nações do Oriente, para que unam seu coração e espírito em amor eterno, em paz, unidade, gentileza e compreensão.

E dessa direção de que promana a Nova Vida, e onde o Sol Amarelo se mostra em seu máximo poder, convocamos todas as tribos e nações do Sul a que juntem seu coração e espírito no amor duradouro, na paz, na unidade, na gentileza e na compreensão.

E dessa direção de onde vêm o Trovão, o Relâmpago, a Chuva e a Treva, convocamos todas as tribos e Nações do Ocidente a que unam o coração e o espírito no amor eterno, na paz, na unidade, na gentileza e na compreensão.

E dessa direção de onde vêm a Neve Branca e os Ventos Purificadores do Norte, convocamos todas as tribos e nações do Norte a que unam seu coração e espírito no amor eterno, na paz, na unidade, na gentileza e na compreensão.

E ao Pai Céu, onde os cisnes brancos, falcões, gansos e águias voam, e de onde o Sol, a Lua e as Estrelas iluminam as criaturas todas, damos Graças e humildemente suplicamos para que possamos saber o que significa ser bom neto, bom filho, bom pai, bom avô, bom amigo e bom marido.

A Criação de Comunidades de Paz

E para a Mãe Terra, onde os minerais, as plantas, os animais e o povo humano vivem, e de onde fluem os Rios Sagrados, damos Graças e humildemente suplicamos para que possamos saber o que significa ser boa neta, boa filha, boa mãe, boa avó, boa amiga e boa esposa.

E do próprio centro de nosso coração e de nossas formas de ser mais íntimas, damos Graças a todas as experiências que compõem a vida, passadas, presentes e futuras, em confiança plena de que todas as Doutrinas Sagradas, Profecias e Forças dos Quatro Pontos Cardeais sejam de todo compreendidas, sem que jamais se esqueça que o Centro do Universo está em Toda Parte.

Philip Lane, Jr.
"Prayers for the Sacred Directions"
Nações Yankton Dakota e Chickasaw, América do Norte

* * *

Ó Ajau, Tepeu, Qu Kumatz, Coração do Céu, Coração da Terra, Coração do Ar, Coração da Água, Ajau, Hun Ajpu, duas, três vezes pai, duas, três vezes avô, Sol dos Sóis, Luz das Luzes, Doador de filhos e filhas, Doador de riqueza, nós Te louvamos, nós Te dignificamos onde quer que vamos, nas estradas, nos *canyons*, à margem dos rios, na orla do mar, à sombra das árvores, junto às pedras, nos vulcões, no cume das montanhas; rezamos a Ti pela nossa vida, pela de nossos filhos, pela vida de nossas futuras gerações. Escolhe os nossos sucessores enquanto ainda há luz, enquanto ainda há claridade, enquanto brilha o sol. A abóbada celeste, sagrado fardo da humanidade, tem piedade de nós. Possas voltar Tua glória e majestade a nós. Possam nossos anciãos voltar às árvores, possam nossos irmãos e irmãs voltar aos animais, possa fluir o ar puro — que a vida possa existir. Fortalece os meus irmãos mais velhos, mais sensatos; sejam fortes os meus bravos guerreiros, os que defendem as cores de Tua beleza, para que ela nunca se estiole.

Ó Ajau, Teu nome há de estar em nossos lábios.

* * *

Acorda, América! Olha o teu céu; olha as tuas estrelas; olha as tuas nuvens; olha a tua terra, teus lagos, teus rios, teus vulcões e vales. Será que nós só sabemos valorizar a nossa vida, ou será que consideraremos a de nossos filhos? Somos os únicos filhos deste planeta, ou há outros? Cumpra-se a profecia maia. Levanta-te; possamos todos levantar. Ninguém há de ficar para trás. Possa vir a aurora; possa vir o novo dia, para que todos tenham paz e felicidade.

Acorda, América! a profecia maia diz, acorda! É hora do amanhecer, e o trabalho há de ser completo. Chegou o momento — medido pelo tempo — em que o que foi escrito nas pirâmides se realizará. O momento de 12 Baktun, 13 Ajau. Tu em tua língua, eu na minha; tu com tua crença, eu com minha cultura. Chamam-nos a todos ricos e pobres, negros e brancos, índios e não-índios. Temos apenas um sol que nos ilumina, uma atmosfera que nos alimenta, um elemento água que bebemos e que se torna o sangue que flui em nossas veias; temos uma única Mãe Terra onde vivemos. A ela temos de defender.

don Alejandro Cirilo Perez Oxlaj
Sacerdote maia, Guatemala

Possa a deusa fluir de novo
pelo leito seco do rio da mente humana.
Possa ela erguer-se uma vez mais
da fonte obstruída do coração humano.
Possa ela dançar com coragem
nos prédios comerciais e nas estações ferroviárias
e através do espaço virtual em todo o mundo,
desfazendo hierarquias e criando
por fim uma igualdade genuína e funda
para todos os membros da raça humana.

Jocelyn Chaplin
Professora, artista e psicoterapeuta, Inglaterra

* * *

Invocamos nossos Ancestrais,
Espírito da terra onde andamos,
Espírito do universo.

Chegamos a uma encruzilhada,
a um tempo em que cada palavra importa,
a um tempo em que devemos avaliar de novo a nós mesmos e
    a nossos atos.

É frágil o nosso coração
nosso corpo estremece ante o desconhecido
nossas costas se curvam ao peso do passado
não sabemos como nos livrar dele.

Pedimos que nos banheis de novo com o amor e a piedade,
que façais chover paz em nosso coração e espírito,
que nos ensineis a olhar uns aos outros com novos olhos
nos ajudeis a admirar as qualidades uns nos outros e a nos dar
saudações.

Necessitamos que vossas bênçãos avancem,
necessitamos que vossa força nos abra caminho por esses tempos de turbulência.
Ancestrais, ajudai-nos em vossa paz e conforto.

Sobonfu e Malidoma Somé
Professores e guias em rituais, Burkina Faso, África

* * *

A parte mais difícil é o povo.
Assim, Senhor, ajuda-me a encará-lo
sem rancor nem decepção.
Ajuda-me a ver a dor por trás de seus atos
em vez da malícia;
o sofrimento em vez do ódio.

E em mim mesmo, enquanto me bato
com os vícios de meus próprios desejos —
dá-me força para abrandar o meu coração,
para avivar a minha empatia, para agir
por gratidão em vez de por necessidade.

Lembra-me de que a paz que encontro
no curso lento das estações
ou na samambaia que se destende,
se liga ao desespero que sinto
em face da guerra nuclear.

Lembra-me de que cada passarinho partilha átomos
com o antraz, o tétano e a chuva ácida,
que cada vez que cerro as portas do meu coração
a outro, contribuo para a treva;
Ajuda-me sempre a seguir o caminho da gentileza.

Seja esta a minha oração.

Karen Holden
Poeta e professora,
Frank Lloyd Wright School
of Architecture, Arizona

* * *

O paradoxo surpreendente da maturidade espiritual do homem é que, à medida que nós e toda a criação nos tornamos uma coisa só, ao mesmo tempo também nos tornamos total e unicamente nós mesmos.

Thomas Yeomans
Psicólogo, Massachusetts

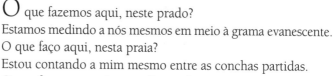

O que fazemos aqui, neste prado?
Estamos medindo a nós mesmos em meio à grama evanescente.
O que faço aqui, nesta praia?
Estou contando a mim mesmo entre as conchas partidas.
O que fazemos aqui, nesta floresta?
Lembramos as nossas famílias ao lado das árvores.
O que faço, ao amanhecer, nestas águas?
Recordo meus primos além das ondas.
O que fazemos aqui, neste deserto?
Seguimos o rasto de caminhos perdidos ao longo das dunas.
O que faço à luz da manhã aqui, no gelo?
Estou cantando para o futuro através dos fortes ventos altos.
O que fazemos aqui, neste campo?
Com nossos filhos, fazemos a respiga.
O que faço ao meio-dia neste monte?
Com meus filhos, guardo nossos poucos animais.
O que fazemos aqui, neste povoado?
Congregamo-nos.
O que faço no sol da tarde neste charco?
Fico quieto.
O que fazemos aqui, nesta cidade?
Atravessamos muralhas destroçadas.
O que faço no lusco-fusco nesta fazenda?
Tiro água do poço que está secando.
O que fazemos aqui, nesta cidade movimentada?
Ouvimos vozes revoltadas na atmosfera escura.
O que faço no anoitecer, nesta Terra?
Pego a sua mão, e faço com que alguma coisa mude.

Hillel Schwartz
Membro sênior, The Millennium Institute (VA), Califórnia

Parte 5

ÀS CRIANÇAS

O que são as nossas orações pelo futuro senão orações para as crianças? Nosso zelo por nossos filhos e pelo futuro da vida deles é tão natural em nós quanto respirar. Esse vínculo e compromisso estão no nosso sangue, nos nossos ossos; estão escondidos nas sementes dentro do nosso corpo. Trata-se do pacto da nossa espécie; proteger e alimentar nossos jovens e preparar um bom caminho para eles. Nós, que pertencemos às gerações vivas, só estamos aqui porque nossos ancestrais permaneceram leais a esse pacto.

Assim, é lamentável para nós reconhecer as falhas que percebemos na violação do pacto da sociedade moderna com respeito às gerações futuras.

> Nunca impelimos tantas crianças ao oceano tumultuado da vida sem a proteção vital da alimentação das famílias e das comunidades, das creches, dos desafios à inteligência, das perspectivas de trabalho e da esperança.
>
> *Marian Wright Edelman*

Podemos afirmar que isso é um exagero, que se trata do problema de outra pessoa, não de nós; porém, se olharmos atentamente, é provável que sejamos punidos pelas perspectivas cada vez menores e pelas ameaças claras ao bem-estar das gerações futuras em cada continente. A coesão da família e os vínculos da comunidade estão-se perdendo em diversos países devido à tensão econômica; o caráter fornecido pelas diversas heranças culturais está-se eclipsando por causa de uma monocultura global, comercial; os sistemas educacionais estão sem verbas, ou são irrelevantes; a intolerância e o racismo cada vez maiores confrontam as crianças em minoria; o cuidado com a saúde muito amiúde é deficiente ou impróprio; a orientação pessoal e ética que um dia foi dever dos pais e da comunidade tem-se visto assoberbada pela televisão e pelas mensagens comerciais em que o valor da pessoa se mede pelos produtos de marca. A cantilena prossegue, incluindo o patrimônio implacável e coletivo da devastação radioativa, das armas nucleares e biológicas, da expansão de cidades com excesso de população e sem infra-estrutura, da perda de terras no campo e da vida no campo, da diminuição de recursos do solo e assim por diante — um legado por demais deprimente para admitir, mas por demais visível para ignorar.

Pode parecer estranho ler o parágrafo anterior num livro dedicado à expressão da esperança quanto ao futuro; porém, justamente por isso é que nossos filhos requerem a honestidade de nós. Temos de praticar não a negação, mas o aprendizado para erguer o olhar aos perigos que nos cercam a fim de que lhes possamos responder com autenticidade e criatividade. Temos de deixar que nosso amor pelas crianças nos resguarde do cinismo, do desespero e do sentimentalismo — pois que elas não hão de ser enganadas. Hão de vir a saber ou que lhes contamos (e a nós mesmos) a verdade e trabalhamos em seu benefício, ou que evitamos a verdade e as traímos. A escolha é nossa.

A família humana tem imensas reservas de amor e engenhosidade — mais do que o bastante para curar as chagas infligidas à terra e a nós outros. Enquanto alimentamos nossos próprios filhos, enquanto ajudamos a criar comunidades de apoio, enquanto buscamos tornar nosso trabalho benéfico a todos os seres, participamos da cura necessária.

Há um guia para nós nas futuras tarefas. Nossa lealdade a nossos filhos, que são as crianças de toda parte, mostra-nos o caminho. Ao oferecer a elas as nossas orações, e ao ouvir as orações delas, lembramos a beleza e as formas de satisfação certas que fazem a vida digna de ser vivida e que mantêm acesa a chama da esperança.

A fronte delicada da criança é um fanal de esperança
sua face humana perfeita, tudo o que somos
depende dela, de sua contemplação que nos chega de outro
    mundo, de seus olhos grandes, que não piscam, tão novos
    para a terra.

O prodigioso continua a erguer-se dentre nós.
Agora damos meia volta e corremos para preparar o caminho.

Anthony Piccione

* * *

Viveis dentro de nós, criaturas do futuro.

Nas fitas espiraladas de nossas células — estais aqui. Em nossa cólera pelos incêndios na floresta, pelos campos envenenados, pelas focas cobertas de óleo, estais aqui. Tarde da noite, vindes bater em nosso coração numa visita. Sois a nossa companhia em nosso abatimento visível e nocivo, nos tribunais dos legisladores. Sois vós que levais nosso empenho atormentado a salvar o que resta.

Ó vós que andareis nesta Terra quando tivermos partido, acordai-nos. Contemplai pelos nossos olhos a beleza deste mundo. Deixai-nos sentir vosso ar em nossos pulmões, vosso grito em nossa garganta. Deixai que vos encontremos nos pobres, nos sem-teto, nos enfermos. Assombrai-nos com a vossa fome, persegui-nos com os vossos clamores, a fim de que possamos valorizar a vida que nos une.

Até agora não tendes um rosto que possamos ver, nem nomes por que vos chamar; mas só precisamos vos reter na mente, para que nos ensineis a paciência. Vós promoveis a nossa sintonia com dimensões do tempo, no qual a cura pode acontecer, a terra e a alma podem renascer. Mostrais dentro de nós uma coragem que antes ignorávamos, e revelais um amor até então desconhecido.

Ó vós que haveis de vir futuramente, ajudai-nos a lembrar: nós somos os vossos ancestrais. Enchei-nos de alegria pela obra a ser feita.

Joanna Macy
Ativista budista e professora, Califórnia

* * *

Quero ser um peixe-cão
e caçar um saltitante peixe-gato
com bigodes tão grandes quanto um regato.
E quero ser
a chuva pingando no mundo
dizendo que é primavera.

Noah Frank
Segunda série, Escola primária Lakeshore, Califórnia

As crianças vão ver primeiro —
Com os olhos atentos e o coração sensível
Fixos num futuro de paz.

Os jovens vão reconhecer sem a ajuda de ninguém —
A terra vertendo leite e mel
O governo cooperando para que todos se alimentem.

Os pequerruchos de cada país
Unem-se para engrandecer a visão.
A nós, que mapeamos o futuro, nos é dado apenas sonhar.

Que isso comece agora e dure muito tempo.

Mary E. Hunt
Co-diretora, Women's Alliance for Theology,
Ethics, and Ritual (WATER), Maryland

* * *

Imagine que você vive na costa da África Ocidental.
No clima quente e animado de Gana.
Usa cabelo curto e encarapinhado.
Seus olhos são grandes e belos.
Sua pele é negra e lustrosa
   como o céu sem lua em noite clara.
Todos os dias, você reza pela paz nesta terra.

Imagine que você vive nas montanhas altas do Vietnã do Norte.
À sua volta, arroz, milho, mandioca e árvores frutíferas.
Seu cabelo é preto, e você usa um cachecol.
Seus olhos são alertas e felizes.
Sua pele é amarela e radiante
   como o próprio sol que nos dá vida.
Todos os dias, você reza pela paz nesta terra.

Imagine que você vive na floresta tropical da Amazônia.
Nos bosques úmidos e temperados do Brasil.
Seu cabelo é exuberante e ondulado.
Seus olhos são curiosos e alegres.
Sua pele é jambo e brilhante
   como o sol que alimenta a sua colheita.
Todos os dias, você reza pela paz nesta terra.

Imagine que você vive no círculo ártico,
Usufruindo as noites polares da Finlândia.
Você tem cabelo ruivo, liso e sedoso.
Tem olhos vivazes, que reluzem.
Sua pele é sardenta e branca
   como uma camada de neve que acabasse de cair.
Todos os dias, você reza pela paz nesta terra.

Imagine que você vive na Nação Navajo,
nos platôs e nos *canyons* do deserto árido do Arizona.
Seu cabelo é comprido e escuro.
Você tem olhos cheios de vida e animação.
Sua pele é vermelha de sol
   como a terra do lugar em que vivemos.
Todos os dias, você reza pela paz nesta terra.

Kristi Venditti
Estudante, University of Colorado

Às Crianças

Nossos filhos, os filhos de nossos filhos — todas as crianças
    darão em coro uma gargalhada
    que ecoará pelo mundo
    serão como o arco-íris
cor e esperança para a manhã vindoura.
Kia tou te Rang i marie.

Pauline E. Tangiora
Kaitiaki, Tribo Rongomaiwahine
Aotearoa/Nova Zelândia

* * *

Espírito da sabedoria humana, ouve o meu sonho! Eu sonho que, no próximo milênio, a preocupação com as crianças de nossa preciosíssima terra, e a alimentação delas, terão precedência sobre tudo o mais. Ajuda-nos a reconhecer que só o ato de sonhar e de ter esperanças não fará que isso aconteça. É preciso que as leis sejam mudadas. A compreensão que temos de uma criança como uma posse deve alterar-se. Os pensamentos padronizados devem ser substituídos de modo que tenhamos consciência tanto na Grã-Bretanha como nos Estados Unidos ou na Alemanha de que são o nosso problema e o nosso futuro que estão em jogo quando uma criança está passando fome na África ou trabalhando numa fábrica na Ásia, ou mesmo sendo recrutada com dez anos de idade para o exército na América Central, ou ainda privada do cuidado à saúde nos Estados Unidos.

Às Crianças

Possamos nós ver que temos sido uma espécie que não tem levado a sério a realidade de que nossa sobrevivência a longo prazo depende do cuidado com relação aos nossos jovens. Quando uma criança é espancada ou quando lança mão de uma arma de fogo para corrigir alguma falha que se percebeu, a comunidade é a responsável. Precisamos perguntar por que aceitamos que o dinheiro da propaganda dite a programação de violência na TV. Por que alegamos falta de dinheiro quando quadras de basquete ou outros lugares que proporcionam aos adolescentes um ambiente para a união segura estão fechados, enquanto bombardeiros e estádios de esporte profissionais continuam a ser construídos? Por que não podemos ter uma sociedade que ajude os pais a compreender o caráter precioso das crianças que eles põem neste mundo, e ofereça o apoio de que necessitam para educar nossos futuros cidadãos do mundo e propiciar-lhes uma maturidade sadia em termos de corpo, mente e espírito?

Espírito da sabedoria humana, ajuda-nos também a ter consciência de que as crianças são, em certo sentido, bens. Elas pertencem a todas as famílias humanas, pois que toda a família dos homens é responsável por ver que nossa espécie humana se conserva por meio do cuidado consciente de nossa prole. Ouve o meu sonho! Sonho que as pessoas no novo milênio poderão compreender a sabedoria da pergunta feita pelos índios, "Como é que o que eu faço hoje afeta a sétima geração?"; ajuda-me a viver a minha crença de que acreditar na sétima geração e trabalhar por ela é a única forma de tornar o novo milênio um tempo melhor para a espécie humana e para seu ambiente. Ajuda-nos a conhecer-te, Espírito da sabedoria humana.

Rev. Betty Pingel
Pastora Unitária Universalista, Colorado

As Crianças

Em toda parte, verdadeiros dignitários surgirão na comunidade humana. De uma a outra, eles construirão pontes sobre o abismo da ignorância e intolerância que nos apartam. Assim, conquistarão seu devido lugar entre os jovens e de novo definirão os termos da passagem para a maturidade. As crianças terão um modo de alcançar a maturidade, e o espírito da natureza será enriquecido por uma forma de maturidade mais plenamente humana. Os antigos sonhos dos que já se foram ganharão força em conselhos com idéias tão visionárias como a de que as pessoas sobreviverão. Que assim seja.

Steven Foster
Co-diretor, The School of Lost Borders, Califórnia

* * *

Talvez você pense
Que eu sou sombra,
Mas por dentro
Eu sou sol.

Damia Gates
Quarta série, Allendale Elementary School, Califórnia

* * *

As Crianças

Caros Filhos do Futuro:

Minhas esperanças quanto a vocês são estas:

Que vocês possam ser Fortemente Amáveis e Amavelmente Fortes. Que o Amor possa ser o seu Guia com a família, os amigos e os colegas. Lembrem-se de ouvir atentamente o seu próprio Coração e o Coração dos Outros.

Que vocês tenham Força para sobrepujar o Medo e o Orgulho e, em vez deles, possam seguir o que tem Paixão e Sentido para vocês. Realizem todos os dias alguma Ação para dar apoio ao Sonho de Vida de vocês, à Natureza do Amor e à Integridade de vocês.

Que vocês possam zelar pela Mãe Natureza e pelas Florestas, ajudando todas as criaturas vivas a manter a sua Dignidade.

Que vocês possam ser uma Força Positiva atuante, comprometida com a comunidade. Que possam vocês mostrar respeito às Pessoas de Todas as Idades e Raças, e ajudar a criar um mundo melhor para os Pobres, os Doentes, os Anciãos e os Jovens.

Que vocês possam respeitar todos os modos de que o ser humano dispõe para chegar à Espiritualidade.

Que possam desenvolver constantemente seus Dons e Talentos todos os dias, sem hesitação nem reserva.

Com profunda gratidão e respeito por tudo o que vocês farão para tornar a Terra um lugar melhor em que viver.

Angeles Arrien
Antropóloga cultural, Califórnia

A fronte delicada da criança um fanal de esperança,
sua face humana perfeita, tudo o que somos
depende dela, de sua contemplação que nos chega de outro
    mundo,
de seus olhos grandes, que não piscam, tão novos para a Terra.

O miraculoso continua a erguer-se dentro de nós.
Agora damos meia-volta e corremos a preparar o caminho.

Anthony Piccione
Crow Hill Farm, Nova York

* * *

Rio corrente dos dias,
Embala em tuas águas o filho de todo pai.

Acomodamos nossos bebês em cestas frágeis,
Moisés multiplicado por milhões, livre da praia lodosa.

Apertamos os olhos para ver à volta as tuas curvas
Enquanto o nosso coração vai arrastado.
Na esteira das cestas, deitamos varetas — nossas preces.

Rev. Meg Riley
Diretora, Unitarian Universalist Association,
Washington, D.C., Gabinete

Às Crianças

Um dia veremos Deus
O Todo-Poderoso, o Criador
Em cada criança
E talvez eduquemos a criança
Como queremos ser educados
E a perdoemos
Como queremos ser perdoados
E a amemos
Como queremos ser amados
E a enalteçamos
Como queremos ser enaltecidos
E a ensinemos
Como queremos ser ensinados
Pois um dia entenderemos, saberemos
Que a Criança é Deus recriado
E que Deus é a Criança encarnada
Um dia veremos Deus
O Magnífico, o Belo
Em cada criança.

Sonsyrea Tate
Autora e educadora, Maryland

* * *

Rezamos pelas crianças nas ruas das cidades —
  mesmo quando elas nos roubam.
Rezamos pela pureza nos adolescentes —
  mesmo quando eles se seduzem uns aos outros.

As Crianças

Rezamos pelas crianças que poderiam estar aprendendo —
  mesmo quando elas se sentam na sala de aula como zumbis.
Rezamos pela bondade adormecida nos jovens drogados —
  mesmo quando eles vêm arrancar dinheiro às pessoas.
Rezamos por eles todos em nome da luz
  que brilha nas trevas — porque
  sabemos que as trevas não a podem apagar.
Rezamos por eles todos em nome da luz
  que ilumina a quantos chegam a este mundo.
Rezamos por eles todos em nome da luz
  que nos dá a substância das coisas que esperamos
  e que é a evidência das coisas invisíveis.

Tony Campolo
Professor de sociologia, Eastern College, Pensilvânia

* * *

Nesta era de mudanças, a novidade não é o que de melhor oferecemos às pessoas do milênio por vir. Nossas maiores dádivas serão fragmentos do passado que protegemos da grande mudança. Estes são as amarras da estabilidade em meio ao tumulto constante: antigas idéias que perduram, culturas antigas, baluartes da natureza indômita.

A maravilha e a inspiração para os nossos bisnetos não serão o cérebro eletrônico nem a máquina especial de última geração. Serão os frutos espantosos da lentidão e da intemporalidade — da própria evolução. A herança e o legado, em suas formas naturais mais importantes, estão seriamente em questão. Possamos encontrar meios de contribuir com a preservação de lugares em que a natureza funciona de modo satisfatório o bastante para gerar rios não poluídos, árvores ancestrais, criaturas únicas e até predadores ferozes em seu equilíbrio natural.

O valor desses lugares será inestimável para nossos descendentes, e talvez seja o padrão pelo qual seremos julgados.

Mitch Friedman
Ambientalista, Northwest Ecosystem Alliance,
Estado de Washington

* * *

Rezo para que todas as pessoas do mundo comecem a aprender a se amar umas às outras novamente. É hora de deixarmos de lado o ódio e pôr Deus, o amor e o respeito em nosso coração. Deixemos de lado o passado e olhemos para o futuro.

Não queremos que nossos netos e bisnetos vivam no tipo de mundo em que vivemos hoje. Tudo o que eles estão aprendendo hoje é uma expressão do ódio. Este está contribuindo para que o seu mundo se torne muito pequeno e feio. Eis por que tantos jovens estão dando cabo da própria vida. Eles merecem um mundo de amor, como o que eu conheci quando criança.

Quando o nosso Antepassado nos pôs nesta terra, disse-nos que amássemos uns aos outros. Não disse que odiássemos. A nós, Primogênitos, nos cabe parar de ensinar o ódio a nossos filhos. Somos os líderes deles e temos de voltar aos velhos modos de vida e ensinar-lhes o amor.

Às Crianças

Espero que estas palavras encontrem morada no seu coração.

O'wa'ahta

Marie Smith Jones
Chefe da Nação Eyak, Alasca

* * *

Nunca expusemos as crianças tão cedo e tão constantemente às mensagens culturais que glamurizam a violência, o sexo, as posses, o álcool e o tabaco, com tão poucas influências mediadoras da parte de adultos responsáveis. Jamais conhecemos semelhante confiança entorpecedora e irresponsável no que tange à violência para resolvermos problemas, nos sentirmos poderosos ou termos entretenimento. Jamais se permitiu a tantas crianças contar com as armas e com as gangues em vez de com os pais, os vizinhos, as congregações religiosas e as escolas para proteção e orientação. Nunca impelimos tantas crianças ao oceano tumultuado da vida sem a proteção vital das famílias e das comunidades que as abastecem, das creches, dos desafios à inteligência, das perspectivas de trabalho e da esperança.

Nunca antes submetemos nossos filhos à tirania das drogas e armas, nem os ensinamos a procurar o sentido fora em vez de dentro deles mesmos, dando-lhes a conhecer, como nas palavras do doutor King, "o ato de julgar o sucesso pelo valor do nosso salário ou pelo tamanho de nossos automóveis, em vez de pela qualidade de nossos serviços e de nosso relacionamento com a humanidade".

À proporção que deparamos um novo século e um novo milênio, o desafio maior para a América é reconstruir um sentido de comunidade, de esperança, de civilidade, de cuidado e segurança a todos os nossos filhos. Espero que Deus nos oriente os passos como pais — bem como guie os passos da América — quanto a resgatar a alma de nossa nação, a devolver a todos os nossos filhos o seu sentido de segurança e a sua capacidade de sonhar com um futuro passível de ser concretizado e promissor, além de trabalhar por ele.

Marian Wright Edelman
Presidente, Fundo de Defesa da Criança, Washington, D.C.

* * *

Conserva o teu coração purificado pela paz. Não deixes que a cobiça venha manchá-lo. Não é tarde para purificá-lo.

Kaila Spencer
Oito anos, Friends' School, Colorado

* * *

Você acha
que o rio corre,
porque alguém diz:
"Rio, corra"?
Acha
que os elementos fazem
o que supostamente fazem
e não o que querem fazer?
Se pensa assim,
você jamais verá
nem compreenderá o que eu
 quero dizer
quando afirmo que
serei livre!

Quero ser
livre
como um rio —
indômito e selvagem.
Quero ser veloz e perigoso
como as corredeiras e as
 correntezas
no rio.
Quero ser
como um rio
de formas e cores
diferentes.
Quero ser
natural
como um rio
em sua selvageria.

Nadja Awad
Quinze anos, Sana'a International School,
Iêmen

* * *

Não agradeço ao meu criador por me criar. Descobri que independentemente de quem "ele" seja, ele deu a vida a todos nós por alguma razão. Talvez fosse uma missão, como aquela em que nos enviou Benjamin Franklin para descobrir a eletricidade. Ou talvez fosse alguém enviado para ajudar um rapazinho que não pode ganhar o seu prêmio — um chiclete de bola — numa máquina que precisa de umas pancadas.

Quem quer que sejamos, viemos para andar pela superfície da Terra por alguma razão. Todos fazemos coisas que as pessoas consideram ruins ou boas; independentemente da qualidade que elas tenham, elas ainda possuem um lugar no círculo que tece as lições.

Nunca haverá uma época em que não haja falsidade e pecado no mundo. Podemos esperar tudo isso no novo milênio; porém, não importa o quanto as coisas são ruins, elas ainda fazem parte da vida cotidiana e, quando acontecem, nada se pode fazer a respeito.

Uma vez mais, talvez essas coisas nos possam ensinar algo. Uma casa destruída pelo fogo nos ensina a ser gratos por um teto. Violações de qualquer tipo nos ensinam a respeitar mais as coisas.

Todos viemos aqui por alguma razão. Qualquer que seja o nosso objetivo, temos de libertá-lo. Minha oração para o futuro é que façamos melhor uso de nosso tempo juntos nesta Terra como seres humanos unidos.

Phoebe Ann Jones
Onze anos, Costa Rica

* * *

Ó Soberano de tudo, nossa defesa infalível, rezamos pelo mundo em que vivem os nossos filhos, que o herdarão.

Tem piedade de nós, Ó Senhor.

Pelo bem de todas as crianças, põe um termo à construção e à proliferação de armas nucleares e de outras armas. Preserva-nos das atitudes e atos que ameaçam com o aniquilamento de toda vida e do futuro que confiamos às crianças.

Clamamos a Ti, Criador de tudo.

Pelo bem de todas as crianças, põe um fim ao conflito e à guerra entre as nações. Dá-nos um coração tranqüilo e paz de espírito, ajuda-nos a ensinar a paz a nossos filhos.

Clamamos a Ti, Criador de tudo.

Pelo bem de todas as crianças, põe um fim ao mau uso que fazemos da terra, à poluição dessa terra, do ar e da água do planeta. Ensina-nos a sermos serviçais e guardiães da Tua criação.

Clamamos a Ti, Criador de tudo.

Pelo bem de todas as crianças, põe um fim às injustiças causadas e favorecidas pelos que ocupam cargos de poder. Possa o nosso coração e a nossa mente mudar-se em função dos gritos de Teus filhos famintos que sofrem.

Clamamos a Ti, Criador de tudo.

Às Crianças

Ó Santo Deus, por meio de quem todas as coisas se transformam e se integram, concede-nos e a nossos filhos a novidade da vida. Alivia-nos e ampara com a visão gloriosa de Teu mundo por vir, em que as crianças todas viverão em paz e harmonia, terão alimentos de qualidade e repousarão a salvo em Teu amor.

Ó Deus Altíssimo, a quem chamamos Yahweh, Senhor e Nosso Pai, Criador, Redentor e Santificador do mundo, pedimos essas coisas em nome de nossos filhos e das gerações ainda por nascer, que viverão para louvar Teu Santo Nome, para sempre.

Amém.

Escrito pelo Fundo de Defesa da Criança para o Dia Nacional da Criança, junho de 1982, Washington, D.C.

* * *

Usemos este momento
Para dar um salto além do medo
Caindo em pé na terra
Entre flores silvestres.

*Naomi Mattis
Mestra budista e conselheira, Novo México*

Às Crianças

Todos nós falamos sobre a juventude.
Quem é que nos dá ouvidos?

A. J. D.
Dezenove anos, extraído de um discurso feito numa
WP2N Conference nas Nações Unidas

* * *

No meu país, o problema é a guerra e a desnutrição. Meus pais e irmãos foram mortos na guerra. Juntei-me ao exército quando tinha doze anos porque me disseram que eu teria comida e poderia me vingar da morte de meus pais. Por favor, não tenham medo de mim. Não sou mais soldado. Sou só criança. E o que eu quero dizer é que as pessoas brigam porque pensam que podem se vingar; mas não existe vingança. Você mata e mata, e nunca termina. Não existe uma coisa que se pareça com a vingança.

Ishmael Beah
Quinze anos, Serra Leoa (do modo como foi dito a Laura Simms)

* * *

Certo dia, durante uma tempestade, um galho pesado caiu sobre uma campânula-branca. Depois, quando retiraram o galho, viu-se que os pequeninos caules frágeis, que não tinham sofrido nenhum dano, se haviam distendido e enrolado como que para abraçar esse galho. Menos de uma hora depois, os pequenos brotos já haviam quase voltado à posição normal e, sem nenhum impedimento, cresciam para o alto, rumo à sua realização.

Murshida Sitara Brutnell
The Sufi Way, Inglaterra

* * *

V_{ovó}
você foi silenciada antes que pudesse
terminar de me contar as histórias
estou voltando para casa
em toda parte ouço
a sua voz

Jeanetta Calhoun
Poeta

* * *

Às Crianças

O relógio deu meia-noite e um novo milênio começou. O Vovô Tempo, com suas rugas, recurvo e sábio, assentiu com a cabeça e sorriu. "Quanto demoram mil anos?", você pergunta a ele. "Vou-lhe dizer", ele responde, "tanto quanto um piscar de olhos, ou talvez tão rápido quanto o pulsar do coração. Tão breve quanto um espirro ou um estalar de dedos. Só um simples instante no Mistério."

"Mas deixe eu lhe dizer mais uma coisa. Quando você ama em vez de matar, o tempo demora mais. Quando você preserva e cria em vez de usar e destruir, o tempo se torna pleno. E quando você se dá ao tempo, sim, quando você se abre a cada momento — sem evitar nem dor nem alegria — o tempo não é o tempo. Então, o tempo é para sempre tempo. Assim, você não é um estranho a nada nem a ninguém. E o tempo transformará a sua vida brilhante e fugaz em amor. Você fará parte do Mistério que não cessa."

Gunilla Norris
Psicoterapeuta, Connecticut

* * *

Por favor, traga coisas estranhas.
Por favor, venha trazer coisas novas.
Que as coisas muito antigas venham às suas mãos.
Que o que você não conhece lhe chegue aos olhos.
Que a areia do deserto torne-lhe os pés rudes.
Que o arco de seus pés sejam as montanhas.
As veredas de seus dedos sejam o seu mapa,

Às Crianças

os caminhos que você trilha sejam as linhas na palma de sua
   mão.
Que haja neve densa na sua inspiração,
que a sua expiração seja o fulgor do gelo.
Possa a sua boca conter a forma de palavras estranhas.
Possa você sentir o cheiro de comidas que você não comeu.
Possa a primavera de um rio estrangeiro ser o seu umbigo.
Possa a sua alma estar num lar onde não há casas.
Ande com cuidado, bem-amado,
ande com atenção, bem-amado,
ande sem medo, bem-amado.
Volte conosco, volte para nós,
volte sempre para casa.

Ursula K. Le Guin
Autora, Pensilvânia

* * *

De quem é o sangue que dirige os rios do mundo? De quem o hálito que canta a tristeza do universo? Nos olhos do inimigo, você pode ver a sua própria alma refletida? Quando um bebê chora no campo do pária, você tem ânsias de segurá-lo nos braços? É capaz de lhe dar conforto, tranqüilizá-lo e embalá-lo como o ritmo das águas do mundo?

   todas as crianças
   são
   nossos filhos

Às Crianças

possamos abraçar todos os corpos humanos.
possamos não tombar em nosso sofrimento.
possamos ter ânsias de confortar e partilhar o sagrado.
possamos celebrar todas as formas de veneração.
possamos erguer a cabeça e rir numa forte gargalhada.
que as cores e o medo se confundam e dispersem.
todos os rios são rios do sangue. todo sangue é todo sangue e

       cada criança
       é
       o nosso precioso filho.

Michelle T. Clinton e Rev. G. Collette Jackson
Califórnia

* * *

Lembrem-se do céu sob o qual vocês nasceram,
conheçam cada uma das histórias da estrela.
Lembrem-se da lua, saibam quem ela é.
Lembrem-se do nascimento do sol na aurora, o momento culminante
do tempo. Lembrem-se do pôr-do-sol
e da rendição à noite.
Lembrem-se do seu nascimento, de como a sua mãe lutou
para dar-lhes forma e sopro. Vocês são uma evidência
da vida de sua mãe, e da mãe de sua mãe, e assim sucessivamente.
Lembrem-se de seu pai. Ele também é a sua vida.
Lembrem-se da terra: vocês são a sua pele —

Às Crianças

a terra vermelha, preta, amarela, branca,
marrom — nós somos a terra.
Lembrem-se das plantas, das árvores, da vida animal — tudo tem
a sua tribo, a sua família, a sua história. Falem com eles,
escutem-nos. São poemas vivos.
Lembrem-se do vento. Lembrem-se da sua voz.
A terra conhece a origem do universo.
Lembrem-se de que vocês são pessoas
e de que todas as pessoas são vocês.
Lembrem-se de que vocês são este universo
e de que ele é vocês.
Lembrem-se de que tudo está em movimento, tudo está crescendo, tudo são vocês.
Lembrem-se de que a linguagem advém disso.
Lembrem-se da dança que é a linguagem, a vida.
Lembrem-se.

Joy Harjo
Poeta e organizadora, Nação Muskogee, Novo México

* * *

Às Crianças

O barro cobrirá nossos pecados
e a água nos purificará
e a escova nos limpará a pele
e o vento tecerá nosso cabelo
e o sol nos abençoará a face.
O céu nos vestirá de azul.

Nicole Thibodeaux
Ensino médio, Taos High School, Novo México

* * *

No próximo século
ou no século depois do próximo,
eles dizem,
há vales, pastos.
Lá, podemos nos encontrar em paz
se nós a criarmos.
Para escalar esses picos do porvir
uma palavrinha para vocês,
e para os seus filhos:
fiquem juntos
aprendam as flores
iluminem-se.

Gary Snyder
Poeta, Califórnia

As Crianças

Parte 6

ESTA TERRA
SAGRADA

A terra é uma realidade sagrada. Na Parte 6, as vozes falam da imanência do espírito no mundo natural. Cada idéia que temos do divino nos foi moldada pela experiência que temos deste planeta. Se temos uma imagem tão bela do divino, é porque vivemos em meio a tanta beleza. Como observa o padre passionista e filósofo Thomas Berry, "Se vivêssemos na lua, nossa mente e nossas emoções, nossa fala e imaginação, bem como nosso sentido do divino, refletiriam todos a desolação da paisagem lunar". Obviamente, a terra é o nosso ambiente de revelação por excelência. Nossa escritura mais sagrada é o "livro sagrado" da natureza.

Enquanto a distinção entre o espírito e a matéria é válida, os dois são inseparáveis. Ambos não constituem dois domínios diferentes da realidade, duas camadas diferentes do universo. A mesma realidade será material ou espiritual, a depender de como a abordemos. Não importa onde possamos imergir na corrente da realidade — podemos tocar a fonte espiritual de tudo o que é natural.

Até recentemente, o caráter sagrado da terra foi em grande parte esquecido nas culturas industriais mais modernas. Sob a visão de mundo do materialismo secular, a terra passou a ser tão-só propriedade, e os animais e as árvores simplesmente recursos a serem usados em nosso benefício. Ao procurar essa relação utilitária e comercial, destruímos os lugares mais belos e de vida diversificada do que poderíamos recriar; contudo, essa atitude para com a terra começou a mudar, como testemunham as orações na Parte 6. Cada vez mais ao redor do globo, as pessoas estão expressando sua determinação de proteger e resgatar a beleza da terra e a diversidade de sua vida. A loucura da destruição chegou a nós. "Cometer um crime contra o mundo natural é um pecado", declarou Sua Santidade Bar-

Esta Terra Sagrada

tolomeu I, Arcebispo de Constantinopla e de Nova Roma, em 1998. Essa afirmação foi recebida como uma defesa sem precedentes do ambiente pelo líder religioso de uma igreja internacional importante; mas o patriarca ortodoxo grego não está sozinho no reconhecimento de que os abusos cometidos contra o ambiente devem terminar. À sua voz se juntam milhões de outras vozes — entre elas os poetas, os padres, os pastores, os professores e os ativistas na Parte 6 — reivindicando a cura. Como escreve a ambientalista Stephanie Mills:

> O sagrado na Natureza está encontrando uma voz audível e inteligível no que tange ao nosso momento. Podemos alcançar a plenitude numa emulação com a generosidade desinteressada da Natureza. Trata-se de nosso restabelecimento para uma compreensão atemporal, um conhecimento imenso; agora, uma nova era pode ter início.

Essa é uma visão que nos dá inspiração, qual seja a de que o nosso reconhecimento mais aprofundado do sagrado na natureza está-nos abrindo a um "conhecimento imenso", que nos orientará nos séculos por vir. Decerto, continuaremos a busca míope de um desenvolvimento ainda mais econômico à custa do esgotamento dos tesouros da terra. Para construir uma sociedade que seja passível de ser conservada e reconheça o sagrado na natureza, temos de chegar a um acordo com respeito aos limites, por muito que isso prejudique os objetivos ultrapassados dos líderes políticos e dos homens de negócio. À proporção que reconhecermos nossos limites ecológicos, estaremos livres para criar vidas de nobreza em vez de cobiça. As orações que seguem dão-nos vislumbres dessa liberdade e da reverência que podemos conhecer enquanto caminhamos por esta terra santa.

Eles dizem que haverá novos céus, uma nova terra. Eu digo: este céu e esta terra antiga que temos já bastam. Sua existência não dura mais do que um piscar de olhos. Decerto eles não são velhos o bastante para simplesmente colocá-los fora. Nem para querer que fiquem longe. Sei que nos cansamos com o sofrimento, algumas vezes, bem como do trabalho pesado e de nossa própria fraqueza; mas juro que vi anjos gritarem de inveja porque podemos andar de pés descalços na grama. Este lugar é bom, glorioso e, acredito, em última análise, confortador. Fomos loucos, agimos como alguém de mente estreita, até cruéis, porém a doce e cara terra continua adubando todas as coisas, até os nossos pecados. Vermes rubros e abutres são os nossos melhores confessores, e, ao fim e ao cabo, seremos convertidos à sua verdadeira fé. Provavelmente, tudo isso é ilusão; porém, entrementes, a terra é bela e sólida sob os nossos pés; o sol, a lua, a chuva, as estrelas e o vento nos abençoam. Se tivéssemos apenas de aprender a acolher o sorriso da vida, e retribuí-lo através de nossos poros, tudo estaria perfeito. Tenho certeza disso.

Mary Vineyard
Terapeuta de massagem, Novo México

* * *

Buscamos uma emoção renovada do amor para a Terra. Alegamos que o que somos capazes de fazer a ela é por vezes o que não devemos fazer. Incitamos todas as pessoas a que agora determinem que uma terra inculta e livre aqui permanecerá para testificar que esta geração teve amor pela que lhe sucedeu. Celebraríamos um novo renascimento. O antigo achou um modo de explorar. O novo descobriu os limites da Terra. Conhecendo esses limites, podemos aprender uma vez mais o que são beleza e compaixão, e a fazer uma pausa para ouvir à música da Terra. Podemos ver que o progresso não é nem a velocidade cada vez maior com que acumulamos e arroteamos a Terra, tampouco o número cada vez maior de coisas que possuímos e a que nos apegamos. Trata-se de uma via ao longo da qual buscar a verdade, para achar serenidade, amor e respeito pela vida, para fazer parte de uma harmonia duradoura, tentando com toda a força não desafinar.

David Brower
Fundador, Earth Island Institute, Califórnia

* * *

O som do tambor
está contido em cada coração.
Pakholigan, dzidzis, nigawes.*
Já ouvimos a sua música
muito antes do sopro ou da visão.
Sua batida é o pulsar de um mar antigo.
Convoco o seu ritmo para embalar esta oração.

(*) Palavras abenaki equivalentes a tambor, bebê e mãe.

Enquanto os nossos pés descalços
acariciam a mãe terra
sintamos o mesmo tempo,
aquela antiga afirmação
de que não há fronteiras
entre respirar e respirar,
de que linhas traçadas no papel
não podem limitar a aurora.

Lembremos todos agora
da primeira canção de ninar
que dançamos antes de nascer
a pulsação da vida original,
a grande vaga da paz primeira.

Como as asas da águia
ferindo o vento
nosso canto se projete longe ao léu
entre a terra e o céu.

Joseph Bruchac
Poeta e autor, Nação Abenaki, Nova York

* * *

Nossa mãe é linda
Suas colinas
são búfalos
Seus búfalos
colinas.

Nossa mãe é linda
Seus oceanos
são úteros
Seus úteros
oceanos.

Nossa mãe é linda
Seus dentes
são pedras brancas
à beira
da água
a erva no estio pelo campo
Seu abundante cabelo.

Nossa mãe é linda
Seu regaço verde
imenso
Seu abraço pardo
eterno
Seu corpo azul
que é tudo
o que conhecemos.

Alice Walker
Autora, Califórnia

Esta Terra Sagrada

Cremos na única mensagem
como um calafrio de febre
em cada cogumelo, dentro
do *chanterelle*, da erva-moura,
do coral rosa e da juba emaranhada.
Cremos que o plâncton viaja pelas veias do mar.
Cremos no tentilhão.
Cremos que a água da neve dos Alpes, quando arrelia os penhascos
e afloramentos como claro cristal,
está memorizando a luz do sol para ajudar as ostras a crescer.
Cremos na sincronicidade. Cremos que um ser bem-amado
sabe quando um poema é concebido. Cremos que Júpiter nos toca
com a sorte enquanto vivemos e vivemos de novo, e que Jesus sabia disso.
Cremos nas fortalezas do relvado. Cremos que há
em cada um de nós partículas que um dia
foram estrelas, que matéria é pensamento,
e que essa crença é o modo
de inspirar.

James Bertolino
Professor visitante, Creative Writing,
Willamette University, Oregon

* * *

Em nome de cada músculo do nosso corpo, suplicamos a ti
Em nome da pluma, do sol,* da montanha, do rio,
 da lontra, do salmão, do pinheiro e da pedra
Em nome dos bebês, agora e para sempre,
 dos namorados, do sexo.
Em nome da respiração, da pressão, da extensão, da decadência,
 da pulsação da terra sob nossas guelras, raízes, garras,
 cascos e pés:

Ajuda-nos.
Ajuda-nos a nós, que nos perturbamos facilmente, que somos
 egoístas de partir o coração, criaturas brilhantes e belas e
 de cérebro grande,
A nós, atarefados-como-de-costume, novos no planeta, de
 movimentos lentos, criaturas de profundo amor
Ajuda-nos a lembrar que este orbe maravilhosamente
 inteligente gerou a arte viva além de qualquer coisa cuja
 aproximação é a nossa esperança
Vinte e quatro horas por dia
Por seis bilhões de anos —

Ajuda-nos a lembrar que podemos nos valer do poder
Que podemos erguer a voz
Que podemos encher os tribunais, as salas de aula, as salas de
 conselho,
O *e-mail*, o *voicemail*, as cartas ao editor, as ruas, os bancos,
 as igrejas e os templos
Que podemos nos levantar com força em nome dos que vivem
 nas árvores, nas cavernas, nas colméias, nos povoados, nos
 rios, nos oceanos e arrabaldes.

 (*) No original, um jogo de palavras que alude às palavras do sinal da cruz em inglês: *In the name of the feather (father), the sun (son)...*

Esta Terra Sagrada

Que podemos nos levantar em nome de todos os que amamos
  e que nos mantêm vivos.
Rogamos a ti: visível e invisível,
selvagem e domesticado, passado, presente e futuro.
Tem piedade de nós, seres humanos.
Ajuda-nos a dar à luz a raça humana.

Libby Roderick
Cantora e compositora, Turtle Island Records, Alasca

* * *

Ó Sagrada Fonte, Fonte de nenhum nome e de todos os nomes, minha jornada de volta a Ti é a fonte da minha unidade com os demais, e eu dou graças. Teço a minha gratidão na lembrança desses momentos em que moldei o meu ser interior e exterior. Dou graças pelo presente e pela História por que meus olhos podem ver e meus ouvidos ouvir o que revelaste ao moldar o Universo. Rendo graças a Ti pela História por meio da qual conheço os quinze bilhões de anos do meu desenvolvimento.

Rendo graças a Ti pela enorme contribuição dos que viveram
  antes de mim,
pelos milhares de anos durante os quais os seres humanos aprimoraram as imagens de Ti na imagem do feminino e na da
  Terra,
por desatares a nossa língua para que nos pronunciássemos sobre Tua palavra eterna,

pelas Idades Glaciais que formaram as terras, as montanhas e os rios, os quais, por sua vez, nos moldaram a imaginação,
por todos os mamíferos que nos ensinaram a dar à luz e a socorrer nossas crianças,
pela vinda das plantas florejando e canalizando sua energia para as sementes concedidas ao futuro,
pelos pássaros que trouxeram o canto e a melodia à Terra,
pelas grandes plantas verdes e pela sua interdependência com os insetos,
por toda a vida fecunda nos oceanos que deram forma aos órgãos sensíveis da Terra,
pela primeira forma elementar de vida que aprendeu a se alimentar do sol, nosso astro-rei, e mostrou como é possível dar de si mesmo aos outros, receber vida dos outros,
pelo evento da supernova, pela qual nossa estrela maior entrou em colapso e criou uma poeira de estrelas, dando origem a nosso sistema solar,
pelas estrelas e galáxias em que se encarnam todos os sonhos, visões e energia, pelos quais moldaste este momento,
pelo primeiro momento — um ato de total doação, através do qual criaste este corpo único do universo, a partir do qual teço a teia da minha existência
pelo mistério obscuro, impenetrável, prenhe e assombroso que és, mistério a partir do qual me chamaste pelo meu nome.

Amém.

Irmã Miriam MacGillis
Genesis Farm, Nova Jersey

* * *

Deite-se calmo na terra
Que o céu irradie a sua força através de você
Para o planeta girante.
Dos éons de mudança tumultuosa
Absorva os ritmos que pulsam através do fogo e da água,
    da pedra e das raízes das coisas que crescem,
O seu corpo que filtra com a carne e o espírito
A oferta vibrante da terra ao céu.
Você é o instrumento da paz,
A promessa de renovação para um tempo e um lugar não do
    seu corpo,
Mas dependentes de sua inclinação para se dar de si mesmo à
    terra e ao céu;
Para acreditar na bondade, molde mil anos por vir.
Possam as bênçãos ser a sua dádiva, a que se dá e a que se recebe.

Grande espírito, pai de nós todos,
Cara mãe terra,
Juntem suas forças
E usem o nosso amor
Para que este corpo seja pleno,
Agora e para sempre.

Judith Billings
Consultora, President's Advisory Council on HIV/AIDS,
Estado de Washington

* * *

Esta Terra Sagrada

Ó criação
lua confidente
toda possibilidade se desvela
a beleza da pérola branca
que se ri pelo cosmos
fazendo alunissagem
sobre
a nossa alma terrena
Ó criação
estamos orando
deixe que espelhemos
a tua glória
o teu indizível
deixa-nos
em boa via
os mares os rios
cervo e rato almiscarado
truta e vaga-lume

aquilo que jamais podemos
deixa-nos crescer
ampliar o coração
como um crescente grácil
na dama cheia de amor
Ó criação
pedimos
deixa
que nos curvemos, apoiando
os joelhos nas ondas
que sonhemos este século
triste
num novo ciclo para a vida
a beleza vai gargalhar
as luas
em meio a nós
e nós mesmos riremos
de um modo bom
Ó criação

Chellis Glendinning
Ambientalista e autor,
Novo México

Haah-nah'e ma'heo'o, Ó GRANDE,
Tu, que abençoas toda a tua criação com vida espiritual —
   Com a água sagrada,
   Com a luz e o fogo do sol sagrados,
   Com o teto de ar do domo do céu sagrado e
   Com o altar da terra vermelha e sagrada, de onde envio
      minhas orações aos quatro pontos cardeais, sagrados.
Ne-a'ese, ouve esta oração humilde.

Eu te agradeço pelo Poder do Espírito Ancestral do lés-sueste, local de origens.

Rezo pela jovem mãe que está trazendo vida nova para as pessoas — abençoa a ela e ao filho dela com saúde e paz.

Rezo para que a criancinha, nova para a terra, ande sobre esta roda mágica da Terra — abençoa esta vida nova com todas as coisas boas e com a longevidade.

Dirijo a minha oração ao Poder do Espírito Ancestral do su-sudeste, lugar do progressivo desenvolvimento humano chamado juventude.

Rezo pelas pessoas jovens, homens e mulheres — abençoa essas pessoas com o poder e a consciência para que andem como parentes dignos da Terra e de tudo o que há sobre ela e dentro dela.

Dirijo minha oração ao Poder do Espírito Ancestral oés-sudoeste, lugar da maturidade.

Rezo por um homem e uma mulher, pelo andarilho humilde, bípede e com cinco dedos.

Abençoa essa pessoa, esse pai, esse ancestral com o conhecimento espiritual e a paciência para construir uma família boa e estável, uma comunidade forte e unificada.

Esta Terra Sagrada

Dirijo minha oração ao Poder do Espírito Ancestral do nor-nordeste, lugar da sabedoria e da velhice.

Rezo pelo ancião que andou longamente por esta terra e conheceu a maravilha e o mistério da vida.

Abençoa esse ancestral bem amado com um coração generoso e com o espírito para partilhar sábia e amavelmente os ensinamentos sagrados da vida.

Volto-me para o oriente e rezo para que todos os meus parentes se cubram de santidade, com *ma'heo'ne-vestse*.

Ma'heo'ne-vestse todos os que estão por nascer.

Ma'heo'ne-vestse o povo animal, o povo da água.

Ma'heo'ne-vestse o povo que rasteja e o que voa.

Ma'heo'ne-vestse o povo de raízes.

Ma'heo'ne-vestse os seres humanos,

Que também têm raízes espirituais na boa Mãe Terra,

Que devem como um todo ter a mente cheia de orações sobre o caráter sagrado e a dependência mútua da vida.

Abençoa-nos com o conhecimento e a sabedoria para vivermos como bons parentes, com felicidade no coração e espírito forte, e para que possamos encarar o próximo milênio com a coragem do amor e com o poder da paz.

Hena'haanehe.

Henrietta Mann
Cheyenne, Professora de Indianismo,
Universidade de Montana

* * *

Possamos nós despertar para o novo milênio como se acordássemos de um pesadelo para a manhã encarnando o belo. Possamos reconhecer as forças obscuras, interiores e exteriores, e nos afastar delas, que por tanto tempo nos controlaram e desfiguraram o planeta incomparável que nos serve de morada. Possa a energia da cura difundir-se.

Possam nossos sentidos despertar de novo para a beleza inexprimível de cada um de nós, do mundo vivo e do universo além. Possamos conhecer toda a vida, da folha de grama à criança e até a cadeia de montanhas, como sendo coisas ligadas entre si, agindo entre si, inseparáveis por toda a Terra, através do tempo que nos é aquinhoado.

Nancy Jack Todd
Organizadora, Annals of Earth, *Massachusetts*

* * *

Ó Grande Mãe Sabedoria, tu és a força que preserva a vida e a renovação da vida. Nós te esquecemos; perdemos contato contigo, enquanto fugíamos para o interior de nossa mente e escalávamos nossas próprias hierarquias, procurando criar Deus à imagem de nossas fantasias de dominação sobre o planeta, sobre a terra conquistada, os animais e as pessoas. Agora, nossa loucura transformou-se em cinzas na nossa boca. Nosso poder, que acreditávamos nos tornasse imortais, ao perder o vínculo com o corpo, com a terra, volta a nós como dejeto tóxico e chuva ácida. Buscamos o teu toque de cura, a tua presença alentadora. Ó Mãe Sabedoria, é no teu regaço que as coisas todas jazem; do teu ventre todas as coisas jorram como de uma fonte infinita de vida. A ti todas as coisas retornam, caindo em muitos fragmentos, para se erguer de novo de sua matriz fértil como novo crescimento, nova vegetação, novos animais.

Tu és a vida em andamento que alimenta esse ciclo maravilhoso do nascimento, da morte e do renascimento. Será que podemos uma vez mais viver em harmonia com o teu ser, imitando as florestas e os prados que não criam veneno? Nossas cidades orgulhosas, alienadas de sua verdade, ameaçam entrar em colapso como um castelo de cartas; não, não de maneira tão simples. Quantas vidas inocentes de pássaros, borboletas, animais cobertos de pele, coisas rastejantes, coisas que voam e nadam, vão decair conosco na nossa extinção? Deixa-nos abrandar nossa loucura e ouvir a tua voz silenciosa, sentir-lhe a calidez pressionando as fissuras de nossa calçada de concreto. Reclama-nos, tua prole errante, como tua, antes que seja tarde.

Rosemary Radford Ruether
Autora e professora, Garrett Evangelical Seminary, Illinois

* * *

E a voz de Deus chega até nós,
  como chegou a Moisés há muito por uma sarça ardente:
  "Tira as sandálias;
  a terra que pisas é solo sagrado,
  pois eu a tenho abençoado com cuidado e compaixão
  desde o início dos tempos."

Esta Terra Sagrada

Perdoa-nos, Ó Deus, por termos olhos e não vermos a beleza
   da tua criação;
Perdoa-nos, Ó Deus, por termos ouvidos e não ouvirmos a
   música esplêndida das esferas do céu,
      sem falar no trinado dos pássaros sob a janela.
Perdoa-nos a pobreza de nossos sentidos;
   e a superficialidade do nosso sentimento de assombro;
   e a nossa falta de compreensão do valor quando damos
   preço às tuas outras espécies, ou quando as destruímos.

Todo o teu universo, Ó Deus, Ó Criador, é uma sarça ardente.
Ele nos intima a que nos voltemos e prestemos atenção,
   a que vejamos, ouçamos e sintamos — bem como nos mara-
   vilhemos e oremos.
Assegura-nos olhos e ouvidos novos, bem como um coração
   com um novo despertar;
      para que adentremos a corte da natureza
      e louvemos a tua santa presença ali.

Elizabeth Dodson Gray
Autora, Massachusetts

Deixei o Pico do Urso, o íngreme descenso através do *Canyon*
   da Samambaia.
Tabuletas da Guarda Florestal, presas aos pinheiros, alertam os
   homens que sabem ler
para as aves de rapina que têm seu ninho nos penhascos
   acima.
À espera da minha companhia, empoleirado num penedo à
   beira da estrada,
ouvi o canto do pássaro. Três ou quatro vezes o trovão ecoou

pela ravina, a trilha serpeando e se torcendo através das nuvens
de volta ao Pico do Urso.
Mais abaixo, o sol dourado filtrado pelos pinheiros, e a chuva
fresca.
Andando uma vez mais, meu pensamento voltou-se para
Vimalakirti — o buda secular da antiga Índia — que fez um
sermão sobre o vazio
aos seres humanos, aos devas, às aves garuda, aos animais em
geral, aos fantasmas, às gandharvas, às dançarinas,
aos milhares — todos se acomodando sem problemas, sem
nenhum tumulto, na sua oficina de bambu. O doce sabor
do Dharma,
não só para os humanos. Foi então que caí
numa garganta de pinheiros e flores silvestres, de estímulo fantástico
por seu odor de mamífero. Eu sabia
quem eu devia esperar.
        Espaço para você também,
      Ó urso negro
          na toca de alguns pés de Vimalakirti.

Andrew Schelling
"Haibun Ursus Americanus"
Poeta, Professor de Composição e Poética,
The Naropa Institute, Colorado

* * *

Dai graças, Ó Santos,
   Para que os ciclos da vida continuem com beleza, equilíbrio e abundância.
   Que os ciclos de vida dêem graças.

Dai graças, Terra Sagrada,
   Para que o ar, a água, o fogo e o alimento abasteçam tudo o que nos é caro.
   Que o ar, a água, o fogo e o alimento dêem graças.

Dai graças, Irmãs e Irmãos Bem-amados,
   Para que toda a criação partilhe o prazer e faça a justiça.
   Que toda a criação dê graças.

Dai graças, Criaturas Rastejantes e Amigos Alados,
   Para que a terra se renove.
   Que a terra dê graças.

Dai graças, Árvores, Flores, Rios e Montanhas,
   Para que a natureza nos alivie o espírito.
   Que a natureza dê graças.

Dai graças, Astros, Luas, Planetas e Galáxias,
   De modo que a admiração nos alimente a visão.
   Que a admiração dê graças.

Dai graças, Estações Mutáveis,
   Para que os ciclos vitais findem em paz.
   Que os ciclos vitais dêem graças.

Diann L. Neu
Co-diretora, The Women's Alliance for
Theology, Ethics, and Ritual (WATER), Maryland

Esta Terra Sagrada

A Terra é um ser vivo e consciente. A par de culturas de várias épocas e lugares, damos nome a essas coisas como sendo sagradas: ar, fogo, água e terra.

Quer as vejamos como respiração, energia, sangue e corpo da Mãe, quer como dádivas abençoadas de um Criador, ou mesmo como símbolos dos sistemas ligados entre si que conservam a vida, sabemos que nada pode viver sem eles.

Chamar essas coisas de sagradas equivale a dizer que elas têm um valor além de seu uso para objetivos humanos, que elas próprias se tornam os modelos pelos quais devem ser julgados os nossos atos, nossa economia, nossas leis e objetivos. Ninguém tem o direito de se apropriar delas nem de se beneficiar delas a expensas dos outros. Qualquer governo que fracasse em protegê-las perde a sua legitimidade.

Todos os povos, todas as criaturas vivas fazem parte da vida da Terra e, assim, são sagrados. Nenhum de nós está em posição superior ou inferior a alguém mais. Só a justiça pode assegurar o equilíbrio; só o equilíbrio ecológico é capaz de preservar a liberdade. Só em liberdade pode essa quinta coisa sagrada a que chamamos *espírito* florescer em sua plena diversidade.

Honrar o sagrado equivale a criar condições em que a alimentação, a conservação, o hábitat, o conhecimento, a liberdade e a beleza podem melhorar. Honrar o sagrado é tornar possível o amor.

A isso dedicamos a nossa curiosidade, a nossa vontade, a nossa coragem, os nossos silêncios e vozes. A isso dedicamos a nossa vida.

Starhawk
Autora e professora, Califórnia

A lua está zangada
porque você tem medo do escuro

porque você esqueceu de louvar as dimensões majestosas do escuro
negligenciou os santuários e deixou que tombassem as pedras do altar

porque você não se lembra das palavras que designam a escuridão
porque sua mãe e seu pai não conseguiram praticar o movimento
e ensinar-lhe os passos e as notas
porque sua mãe e seu pai não conseguiram conservar puro o ar sobre os altares

porque você construiu lugares áridos
onde permaneciam os templos das árvores
e deixou o cimento nas clareiras
onde anéis mágicos estendem seu círculo de esporo

e porque você enche a escuridão com holofotes que se movimentam
porque você enche a escuridão com o fragor do dinheiro
porque você enche a escuridão com o ruído do maquinário
porque você enche a escuridão com o blá-blá-blá metálico do seu nervosismo

porque você não corre mais ao nascer do dia
porque você não sabe mais sentar-se quieto no crepúsculo
porque você se encolhe diante da escuridão que isso representa para o outro
aquele invólucro sobre o cerne ígneo

Esta Terra Sagrada

porque você não visitou as catedrais do escuro
nem prestou ali seu culto silencioso
e porque você não tem mais dignidade para resgatar essas coisas
a lua estanca a fonte do seu sono
e o afujenta para longe,　　desperto e em chamas
para errar e dar voltas　　a boca seca e os olhos em chamas

assim, você é obrigado a reconhecer o seu próprio corpo
e lembrar que esse corpo é santo
que esse corpo é um corpo
e que esta Terra é o único corpo santo que você não pode
   dessacralizar impunemente

assim você entende que, se nega o escuro,
está zombando da luz.

Marilyn Krysl
"Why You Can't Sleep"
Poeta, Colorado

* * *

Criando a combustão contínua
dos universos, o fogo queima para sempre.
É a chama da vida que corre através
de todas as gerações, da primeira à última,
que queima sem se consumir,
que em si mesma se consome e renova
inexaurivelmente, vida após vida,
geração após geração,

Esta Terra Sagrada

espécie após espécie,
galáxia após galáxia,
universo após universo,
cada qual partilhando a labareda para a sua estação
e afundando na morte enquanto
a chama continua a queimar irredutível.
A chama é a própria vida,
a vida deste universo,
desta galáxia, deste planeta,
deste lugar, de cada lugar:
o lugar ao pé da rocha
o lugar sob a colina
o lugar à beira do rio
e o lugar na floresta:
não há lugares semelhantes em nenhuma parte.
E a vida de cada lugar é deus,
que é o fogo:
a vida do lago, deus;
a vida da tundra, deus;
a vida do mar, deus;
a vida da região, deus;
a vida da terra, deus;
a vida do universo, deus;
em cada lugar único
como única é a vida de cada lugar,
e em cada lugar a mesma,
como o fogo queimando está em toda parte
O Fogo da Vida.

Daniel Quinn
Autor, Texas

Esta Terra Sagrada

Durante mil anos, olhamos para o nosso reflexo a cada manhã
para ver nossos olhos como os olhos dos tigres
voltando à Terra do Tigre, como os olhos das baleias
voltando para o Mar da Baleia; como os olhos dos falcões em revôo
no Ar do Falcão, e, por um momento a cada dia,
reconhecemos o pêlo macio dos animais sob a nossa pele,
as penas sob a pele do animal e as escamas
sob as penas.
Retornamos através de uma floresta de máquinas
até que haja condições para colar o ouvido ao chão
e ouvir o som dorido das raízes
enquanto elas, assim como nós mesmos, abrem caminho rumo à água
que é tão cristalina, que vemos a possibilidade
de considerar o tempo como nosso amigo.

David Chorlton
Poeta e organizador, Arizona

* * *

Amo a Mãe Terra
tanto quanto à minha própria mãe
e à mãe de minha mãe
(quase mais do que as amo) —
a Terra, que é minha mãe
tão real quanto qualquer mãe

que tive. A Mãe Terra
cujo nome é Estelle Poniewaz
junto com um bilhão de outros nomes
e que é um zilhão de criaturas vivas
que não têm nome,
sem a taxionomia de todos os
taxidermistas
que sempre classificam as famílias
de seres não-humanos
que emergiram como eu mesmo
desta vasta Mãe de uma Terra
que é fruto do amor do Pai-Sol.

Amo a Mãe Terra
ainda mais do que a Virgem Mãe
(Ave, Maria, de cujo ventre
nasceu o fruto abençoado).
Amo a Mãe Terra
esta querida velhinha planetária
esta tatara-tatara-tatara
bisa-bisa-bisa-bisa Avó
de um planeta vivo e respirante
cuja respiração são nuvens
amo-a mais do que a Jesus, Maria e José
e com o Espírito Santo
para completar.

Amo a Mãe Terra
mais do que a Jesus, Moisés, Buda
Maomé, Krishna, e aos demais
seres definitivamente louváveis
todos de uma vez só. Esta Mãe
Terra, de cujo ventre sagrado
nasci há tantos anos —

Esta Terra Sagrada

e de quem também nasceram
os meus milhares de irmãos e
irmãs, humanos e não-humanos:
bípedes, quadrúpedes,
alados, providos de guelras, todos.

Feliz Dia das Mães
querida e atormentada Mãe,
mais cheia de tristezas do que
a Mater Dolorosa
da Humanidade crucificada.
Perdoa os teus seis bilhões
de fedelhos ingratos, tantos filhos
que ela não sabia o que fazer,
seus filhos a devorando
fora da casa e do lar.
Feliz Dia da Terra/do Renascimento,
ensina-nos a tua sabedoria
para que tu e nós mesmos vivamos.

Jeff Poniewaz
Poeta, Wisconsin

* * *

É nisto que acreditamos:
Os seres humanos se tornaram tão numerosos, e nossos
 instrumentos tão poderosos, que levamos à extinção seres
  criados por Deus,
   condenamos os grandes rios
 destruímos florestas antigas, envenenamos a terra, a chuva
  e o vento,
e abrimos buracos no céu.

Nossa ciência trouxe sofrimento e ao mesmo tempo alegria;
 nosso bem-estar custa o sofrimento de milhões.
Estamos aprendendo com os nossos erros, lamentando a extinção de nossos ancestrais,
 e agora construímos uma nova política de esperança.
Respeitamos e preservamos a necessidade absoluta de ar puro,
 de água e terra.
Vemos que as atividades econômicas, que se beneficiam de poucos enquanto esgotam a herança de muitos, estão erradas.
E já que a degradação do ambiente causa uma erosão no capital biológico para sempre o preço total da ecologia e da
  sociedade deve entrar
 em todas as equações de desenvolvimento.
Somos uma geração efêmera na longa marcha do tempo;
 não nos cabe extinguir o futuro.
Assim, quando o conhecimento for limitado, lembraremos dos
 que nos sucederão, e pecaremos por excesso de zelo.

David Suzuki
The David Suzuki Foundation, Canadá

Ouçam, meus filhos. O Espírito que pairou sobre a terra estéril não está contente. Estou com sede. Vocês estão ouvindo?

Estamos ouvindo, Mãe Terra. Fale.

O Espírito que encheu as águas não está contente. Fico chocada com os dejetos e a poluição. Vocês estão ouvindo?

O Espírito que trouxe a beleza à Terra não está contente. A Terra fica feia com o uso impróprio que dela se faz. Vocês estão ouvindo?

O Espírito que deu origem a todas as criaturas está sendo destruído. Vocês estão ouvindo?

O Espírito que deu vida aos seres humanos e um caminho para que percorressem juntos não está contente. Vocês estão perdendo a sua humanidade; seus passos se desviam da senda. Vocês estão ouvindo?

Vamos rezar. Ó Deus, criaste a Terra na bondade e na beleza. Perdoa todo o dano que causamos à Terra. Ó Deus, encheste a Terra de alimento para a nossa conservação. Perdoa-nos por não partilharmos as dádivas da Terra. Tu nos criaste, Ó Deus, a partir de um único sangue em toda a Terra. Perdoa-nos por não vivermos como irmãs e irmãos deveriam viver.

Irmã Mary Rosita Shiosse, S. B. S.

* * *

Se eu pudesse desejar a restauração completa do mundo e o fim do desespero, eu desejaria a preservação imediata de todas as espécies, de todos os prados, florestas, pântanos e desertos; e uma volta do amor alucinado, da paixão de "arrebentar" entre homens e mulheres, entre mulheres e mulheres, entre homens e homens, entre todos os seres humanos de todas as idades e lugares; entre os seres humanos e a terra e tudo o que dela provém. Que o amor e o compromisso entre os seres façam parte dessa grande cura! Ah, se ousássemos pertencer uns aos outros bem como à terra!

Se pudermos nos aproximar humildemente de nosso espaço vital particular, bem como de maneira atenta e franca, e com boas expectativas e esperanças; se tentarmos honestamente aquilatar o que esse local quis ser, a que comunidade ecológica ele deu origem; se tentarmos prestar serviços concretos ao lugar de nossa vida, encontraremos a cura e conheceremos de novo o amor. Compreensivelmente, os bons sentimentos gerados na comunidade da Terra, à medida que a restauração ganha terreno e a beleza renasce, poderiam fugir naturalmente ao controle, fazendo que a alegria prevalecesse.

Na natureza, o sagrado está encontrando uma voz audível e inteligível no que tange ao nosso momento. Podemos alcançar a plenitude numa emulação com a generosidade desinteressada da Natureza. Trata-se de nosso restabelecimento para uma compreensão atemporal, um conhecimento imenso; agora, uma nova era pode ter início. Uma última oportunidade, e uma primeira. Saímos do jardim para entrar no deserto.

Stephanie Mills
Ativista ambiental e autora, Michigan

Em Nova Jersey, certa vez, os cravos-de-defunto cresceram
selvagens.
Margaridas oscilavam nos campos.
Os carvalhos permaneciam altos nas montanhas.
Borboletas empoadas adornavam o ar aveludado.

Ouça. Era assim.
Antes das máquinas de terraplenagem.
Antes dos guindastes.
Antes que o cimento cobrisse a terra.

Até as estrelas, que em grandes grupos
pendiam do céu escuro,
até as estrelas se apagaram.

A toca sob o pavimento de asfalto,
sob o cimento, a velha terra escura
ainda está lá. Escave-a,
sinta-a, funda, viva, em seus dedos.

Saiba que a terra ainda respira e pulsa.
Ouça. Ela lamenta. Em Nova Jersey, um dia,
cresceram flores.

Maria Mazziotti Gillan
Poeta, Nova Jersey

* * *

Esta Terra Sagrada

Aos Ventos do Sul
Amaru, grande serpente, Mãe das Águas
Ensina-nos os teus caminhos,
A deixar o passado do modo como deixas a tua pele,
A andar suave sobre a Terra.
Ensina-nos o Caminho da Beleza.

Aos Ventos do Oeste
Mãe Jaguar, Otorongo,
Vem a nós.
Mostra-nos o caminho do Guerreiro Luminoso
que não tem inimigos neste mundo nem no que está por vir.
Ensina-nos a viver de modo imaculado e íntegro.
Mostra-nos os caminhos além da morte.

Aos Ventos do Norte
Beija-flor Real.
Avós e avôs,
Anciãos.
Vinde aquecer as mãos ao pé da nossa lareira.
Falai conosco no vento uivante
E no crepitar do fogo.
Vimos reverenciar a vós que viestes antes de nós,
E a vós que vireis depois de nós,
Filhos de nossos filhos.

Aos Ventos do Leste
Grande Condor, Águia.
Vem a nós do lugar do Sol nascente.
Conserva-nos sob a tua asa,
Leva-nos às montanhas com que só ousamos sonhar.
Ensina-nos a voar em paridade de asas com o Grande Espírito.
Pachamama, Mãe Terra

Esta Terra Sagrada

Nós te agradecemos pela tua beleza, pelas tuas águas,
Por nos suster tão docemente.
Nós nos reunimos em teu nome, Mãe,
Para a cura de todos os teus filhos.
O Povo Mineral.
O Povo Vegetal.
Quadrúpedes, bípedes, criaturas que rastejam.
Seres providos de guelras, de penas e de peles.
Todos Nossos Parentes.

Pai Sol, avó Lua, até as Nações Estelares.
Grande Espírito, criador de tudo.
Tu, que és conhecido por milhares de nomes
E tu que és o Indizível.
Agradeço-te por nos reunires
E nos deixar cantar o Cântico da Vida.

Alberto Villoldo
Antropólogo e estudioso dos Incas,
Four Winds Society, Flórida

* * *

Nesse dia
o salmão voltará
(cardumes inteiros deles
   nadando juntos):
os *chinooks* gigantes, os prateados, os rosados,
os vermelhos, e as trutas arco-íris, aos saltos
   com nariz de quartzo:
o velho andarilho de cauda, o
   que escala a montanha
louco por geleiras;
fazendo transbordar os rios,
   vestindo
   a terra
em seu imenso corpo, curando
   as cicatrizes,
e nos chamando lar.

E nesse dia
as árvores voltarão
(florestas inteiras delas,
   marchando juntas):
o cedro-vermelho (árvore
   sagrada),
o abeto & a cicuta,
o espruce & o pinheiro,
a sequóia & o cipreste,
o junípero & o teixo;
árvores arranhando as nuvens
   e perfurando
   os céus,
fazendo cair as chuvas,
conservando a terra,
libertando os rios;
e as montanhas tornar-se-ão
fontes das águas.

E nesse dia
os animais voltarão
(rebanhos e hordas inteiras
   deles):
a águia & o corvo, a lontra &
   o castor,
a galinha & o beija-flor,
o coiote & o urso, o alce & o
   lobo;
e todas as espécies perdidas
jorrarão da arca:
cada qual para o seu lugar de
   origem:
os bosques & as águas entoarão cânticos!

E nesse grande dia
os povos tornarão
(comunidades inteiras &
   nações):
nossas famílias, amigos &
   vizinhos,
todos os nossos parentes,
com os velhos ancestrais de
   um tempo
anterior ao início dos tempos...

Esta Terra Sagrada

Todas as pessoas que aqui
já viveram haverão
de se unir
numa grande potlatch*
para lembrar —
"Dêem como lhes foi dado" —
e a casa dos nomes
gritará alto e dançará de novo!

E nesse dia sagrado
os espíritos voltarão:
O Avô e a Avó,
o Grande Espírito,
o vento do sul e a onda
 invernal;
o sol, a lua e as estrelas
nos alinharão aqui embaixo;
o senhor das montanhas
e o senhor do mar — o Urso
 & a Orca —
dançarão juntos, fazendo
 círculos
de curvas longas,
a resgatar o arco do mundo.

E nossos mestres voltarão —
todos os grandes espíritos
 desta região,
estejam conosco agora.
Eles todos dão louvores e
 graças a quantos
nos ajudam a aprender
a cantar esta terra
e a descobrir nosso caminho
 para casa!

Nesse dia...
Nesse grande dia...
Nesse dia de alegria...

David D. McCloskey
Professor e bio-regionalista, Cascadia Institute,
Estado de Washington

(*) Ver nota p. 50.

Esta Terra Sagrada

À beira do novo milênio, estou sentado junto ao tanque
num fim de tarde de verão, ouvindo os sapos.

Venham conosco, nós pedimos.
Que não façamos nada para diminuir-lhes a cantoria.

Quem disse algo acerca de um milênio? Não vocês.
Um coaxar! Mil anos se passaram.

À terra apraz o salto e o som do chape —
mais do que nossos vôos ao redor do mundo.

Vocês são boa companhia neste fim de tarde ao pé do tanque,
mas, por trás do prazer do crepúsculo e além dele,

o coro de vocês é importante,
a presença de vocês nos portais líquidos das coisas,

a própria criação atravessando-lhes
o corpo esverdeado.

Que não façamos nada para diminuir-lhe a cantoria.
Venham conosco, nós pedimos.

Howard Nelson
Professor, Cayuga Community College, Nova York

* * *

Esta Terra Sagrada

Nosso pecado para com o mundo, ou a raiz espiritual de toda a nossa poluição, está na nossa recusa quanto a ver a vida e o mundo como um sacramento de ação de graças e como uma dádiva de comunhão constante com Deus em escala universal.

Acreditamos que a nossa primeira tarefa seja despertar a consciência dos adultos — os que mais usam os recursos e dádivas do planeta. Em última análise, temos de perceber cada ação nossa como acarretando um efeito diferente sobre o futuro do ambiente. Os seres humanos e o ambiente formam uma veste inconsútil da existência, um tecido complexo que acreditamos seja formado por Deus.

Com amor sugerimos a todos os povos da Terra que busquem ajudar-se uns aos outros a entender os milhares de meios pelos quais nos ligamos à Terra e uns aos outros. Dessa forma, podemos começar a reparar o rompimento que muitas pessoas conhecem com respeito à criação.

Temos de ser porta-vozes de uma ética ecológica que lembra ao mundo que ele não é nosso para que o usemos em nossa conveniência. De preferência, ele é a dádiva de amor de Deus a nós, e temos de retribuir seu amor protegendo este mundo e tudo o que nele existe.

O Senhor inunda toda a criação com a Sua presença divina num contínuo *legato*, desde a substância dos átomos até a Mente de Deus. Renovemos a harmonia entre o Céu e a Terra, e exaltemos cada detalhe, cada partícula de vida. Possamos amar uns aos outros — e, amáveis, aprender uns com os outros — para a edificação do povo de Deus, para a santificação da criação de Deus e para a glória do santíssimo Nome de Deus. Amém.

Sua Santidade o Patriarca Ecumênico Bartolomeu I
Igreja Ortodoxa Oriental

Hoje, agora, neste momento,
Prometo a mim mesmo estender o braço e tocar a terra.
Escavarei o chão com os dedos e me lembrarei do que me sustém.

>Não é riqueza.
>Não são posses.
>Não são realizações.
>Não é o elogio dos homens.

É isto que toco, o solo sagrado, o campo fecundo, a terra viva, o santificado.

Hoje, agora, neste momento,
Prometo a mim mesmo estender o braço e tocar uma outra criatura também criada por Deus.
Farei com que minha mão corra sobre o tronco do pinheiro, sobre plumagens, conchas ou escamas, e me lembrarei do que o sustém.

>Não é riqueza.
>Não são posses.
>Não são realizações.
>Não é o elogio dos homens.

É o oceano eterno, o céu infinito, o sol, a chuva, a terra santa.

Hoje, agora, neste momento.
Prometo a mim mesmo estender o braço e abraçar o entendimento.
Apertarei contra o peito a realidade de que as criaturas de Deus e eu mesmo somos iguais no amor da Mãe.

Esta Terra Sagrada

Não é riqueza,
Não são posses,
Não são realizações,
Não é o elogio dos homens.

É o hálito e o alimento, a vida e a morte, as estrelas sobre nós e a terra santa.

Laurel Olson
Pastor de comunidade, Fellowship of the Spiral Path,
Califórnia

* * *

Rezo pelos pássaros.

Rezo pelos pássaros porque creio que eles levarão para o alto a mensagem do meu coração. Rezo para eles porque creio na sua existência, no modo como suas canções começam e terminam a cada dia — as invocações e as bênçãos da Terra. Rezo pelos pássaros porque eles me lembram das coisas que amo, não das coisas de que tenho medo. No final de minhas preces, eles me ensinam a ouvir.

Terry Tempest Williams
Ambientalista e autora, Utah

Deus, em Tua forma de Beleza, fica conosco.

Possa o nosso coração partir-se. Possam nossas orações bastar para sentir o sofrimento de Deus.

Deus não é o aço nem nenhuma combinação indestrutível de metais que criamos. Deus é um bloco de granito que se projeta do fundo da terra ao céu. Deus é a mesma pedra desenhada por dois regatos claros a que chamamos Correnteza e Cascata, sempre fluindo, lavrando os lados esquerdo e direito, cujos nomes são também Beleza e Tristeza, de modo que cada gota fende as quatro câmaras do grande coração. Isso é eterno. A Ascensão e a Queda. O Salgado e o Doce. A Queimadura e a Cataplasma. A Divisão e a Comunhão.

Isto nunca tem fim: Desânimo e Esperança, Agonia e Perdão. São esses os quatro pontos cardeais que o Sol e a Lua nos assinalam e que o Dia e a Noite iluminam. Eis o que chamamos Leste, Oeste, Norte e Sul, crendo que podemos trilhar um caminho ou outro, sem sucumbir ao Vendaval, ao Terremoto, ao Vulcão ou à Inundação.

Queremos ser Deus de todas as maneiras que não são de Deus, no que esperamos seja indestrutível ou inabalável; mas Deus é o mais frágil, uma simples mancha de pólen, a dispersão do pó amarelo da árvore que tombou numa tempestade de sofrimento e plantou-se a si mesma de novo. Deus é a agonia mortal do sapo que não pode achar água no tempo da seca da nossa criação. Deus é o grito do coelho em meio à queimada que causamos. Deus é o Único cujos olhos jamais se fecham e que a tudo ouve.

Esta Terra Sagrada

Mesmo que não se possa fixar nada, que a visão nos reconstitua pelo buraco do alfinete no tempo e no espaço — uma visão do Deus solitário carregando o fardo da tristeza universal. Tomemo-la nos braços. Alisemos os Seus templos com a mão.

São essas as nossas tarefas. Aprendamos de novo a língua secreta da luz. E as cartas da escuridão. Aprendamos o tipo de vôo dos pássaros, as sílabas do uivo do lobo e do trinar dos pássaros, a pantomima movente do ramo e da folha, os vales e os ápices do chamado das baleias, as longas sentenças das formigas deslocando-se em uníssono, as combinações variadas das nuvens, o código das estrelas. Possamos, pois, reconstituir o mundo, sinal a sinal, melodia a melodia.

Cantemos o mundo de volta ao Coração do Santo Nome de Deus.

Deena Metzger
Poeta, Califórnia

Parte 7

ORAÇÕES de
SOLIDARIEDADE e
JUSTIÇA

*Apenas começamos a ter conhecimento
do poder que existe em nós quando unimos
nossas vidas solitárias na comunhão da luta.*

DENISE LEVERTOV

Vemo-nos tão presos em nossos ciclos pessoais de preocupação — nossa família, nossos amigos, nosso trabalho e nossos interesses pessoais —, que a realidade dos menos afortunados do que nós raramente nos chama a atenção. Podemos observar *flashes* de noticiários na TV apresentando refugiados, vítimas da guerra e os pobres neste país e em terras estrangeiras, e nos sensibilizarmos verdadeiramente com isso; contudo, quando a cena corta para uma mensagem comercial brilhante, nossa mente não consegue integrar as duas realidades opostas. Esse processo de amortecimento diminui e isola a nossa experiência de vida por meio da classe, da raça, da idade, do sexo e da etnia.

A solidariedade requer que cruzemos esses limites que nos separam. A solidariedade, com os que estão expostos à injustiça, baseia-se na lembrança de que somos irmãos e irmãs, de que fazemos parte de uma única família, da qual muitos membros ainda não encontramos. As palavras de Jesus, parafraseadas aqui, instruem-nos nessa afinidade: "Visto que vocês foram gentis com os menos importantes de meus irmãos — o forasteiro, o faminto, o doente e o prisioneiro — vocês demonstraram gentileza a mim." Jesus se identifica com o forasteiro e o oprimido, assim como se requer de nós que nos identifiquemos com o nosso próximo na evocação do "amar ao próximo como a ti mesmo". Essas palavras são fortes e inequívocas — no entanto, quão raramente são praticadas! A solidariedade não é só uma prática interior — "uma recordação para amar" — ela também nos convoca à ação exterior. As orações e reflexões nesta parte do livro nos oferecem uma orientação sobre esse caminho. À proporção que se passarem os anos do novo milênio, teremos inúmeras oportunidades de dar ouvidos aos conselhos implícitos nessas orações e de segui-los. Muitos dos escritores aqui conheceram em primeira mão o sofrimento e a injustiça causados pela dominação de um grupo sobre o outro. Eles bradam pela liberdade e pela renovação; por justiça e gentileza. Nas palavras de Wanda Coleman:

> ponham um fim ao império da falsa prosperidade
> em nome do progresso
> ponham um fim ao império da ignorância
> em nome da educação
> ponham um fim ao império da difamação
> em nome da justiça
> que a canção ecoe no céu vasto

Na Parte 7, deparamos palavras ferozes, até de revolta, porque aqueles que as proferem testemunharam as crueldades perpetradas contra o seu povo ou contra a vida indefesa do mundo natural. Essa ferocidade é de proteção e coragem. E é apropriado que ela seja expressa na aurora do novo século, pois que se trata de uma ferocidade nascida do amor, não do ódio, a exemplo do rugido da mãe ursa que protege sua cria.

A vida espiritual por vezes é concebida como "relativa a um outro mundo" — a um modo de vida fundamentalmente envolvido com temas transcendentes a partir da condição humana terrena. Essa idéia se ocupa mais da necessidade que as autoridades têm de exercer controle e conservar o *status quo* social do que da verdade no âmago de nossas tradições religiosas. Cada tradição religiosa fundamental tem raízes numa ética do amor, da piedade e do trabalho. Não podemos lograr a iluminação pessoal, tampouco a perfeição e a salvação, sem também continuarmos solidários com os "desfavorecidos entre os meus irmãos". Como disse o profeta Maomé, "Amais ao vosso Criador? Amai as criaturas de Deus em primeiro lugar".

Não vamos ter medo dos que sofrem nem dos que apenas são diferentes de nós. Vamos além do nosso sentimento de defesa e dos nossos julgamentos, para nos apresentar a eles; vamos ouvir o que eles querem; vamos orar com eles em solidariedade, pela liberdade e pela libertação de todos.

* * *

Chegou o tempo de curar as chagas.
O tempo de construir está próximo de nós...
Empenhamo-nos em libertar todo o nosso povo
dos eternos grilhões da pobreza, da privação,
do sofrimento, do sexo e de outras formas de discriminação...
O caminho para a liberdade não é fácil...
Ninguém dentre nós que aja sozinho pode ter êxito.
Portanto, temos de agir juntos como um povo unido,
para a reconciliação, para a construção da nação,
para o nascimento de um novo mundo.

Nelson Mandela
Presidente, União da África do Sul

Vamos estar presentes, cada qual com a sua cultura, cada qual com a sua experiência, e assumir a responsabilidade por toda vida. Unamo-nos, testemunhando a diferença e abraçando-nos uns aos outros.

Olhemos pelas crianças cujos pais não podem estar presentes e passemos o braço ao redor dessa criança. Vamos ficar ao lado da mulher que sofreu abusos do poder e reconhecer que qualquer gesto desse tipo diminui a nossa humanidade. Chamemos o homem que ainda acredita que tem o direito de violar a vida dos outros, e façamos com que saiba que não toleraremos mais a sua covardia.

Unamo-nos ao coro cada vez maior dos que não serão mais governados pelos que não são capazes de dirigir a sua própria vida. Brademos um sonoro NÃO, que ecoe do cume das montanhas e do fundo do mar, passando pelos *canyons* e pelos desertos, savanas, florestas e fazendas, até que esse NÃO se torne um poderoso SIM. Conservemos a vida — desde as legiões dos humanos até as flores minúsculas — e estabeleçamos um novo compromisso com alimentar-lhe a presença em todas as nossas vidas.

Do começo ao fim dos milênios que se passaram, vezes sem conta reinventamos nações, comunidades e a nós mesmos. Caminhamos rumo ao progresso e para longe dele. Atualmente, temos uma única opção premente: cavar nossa cova comum ou sobreviver.

No limiar deste novo milênio, vamos dar as costas ao preconceito e à cobiça e — silenciosa mas apaixonadamente — adotar a única postura que oferece esperança aos nossos tataranetos: pela vida, pela vida na morte, pela paz com justiça a toda a humanidade.

Margaret Randall
Autora e Ativista dos direitos humanos, Novo México

Orações de Solidariedade e Justiça

Por favor, abrande o infortúnio contínuo
o medo insuportável
tal como a fome e a doença,
que atormentam criaturas indefesas
de todo oprimidas pelos males
inexauríveis e violentos,
e de ora em diante leve-nos da condição do sofrimento
e ponha-nos num mar de felicidade e júbilo.

Aqueles que, ensandecidos pelos demônios da ilusão,
cometem atos de violência e negação
que destroem tanto a eles como aos outros
devem ser alvo da nossa compaixão.
Possam as hostes de seres rebeldes
conquistar plenamente o olhar que sabe
o que deixar de lado, o que praticar,
e receber o tesouro
da amável gentileza e da amizade.

Por meio da força da ascensão dependente,
que por natureza é profunda
e vazia de aparências;
pela força das Palavras da Verdade,
pelo poder da bondade das Três Pedras Preciosas
e pelo verdadeiro poder de atos não enganosos
e pelo efeito deles;
que a minha oração da verdade
se realize prontamente e sem entraves.

Sua Santidade o Décimo Quarto Dalai Lama
Índia

Orações de Solidariedade e Justiça

Enquanto o espaço durar
E as criaturas vivas permanecerem,
Que eu possa também continuar
A dissipar a infelicidade do mundo.

Sua Santidade o Dalai Lama pediu para que esta oração, que é a sua favorita, também fosse incluída.

* * *

Em muitas partes do mundo, as pessoas estão à procura de uma solução que haverá de juntar os dois valores fundamentais: a paz e a justiça. Os dois são como pão e sal para a humanidade. Cada nação e cada comunidade tem um direito inalienável a esses valores; conflitos de nenhum tipo podem ser resolvidos sem que se faça o máximo possível para que essas nações e comunidades sigam a sua estrada. Os tempos difíceis que hoje vivemos requerem que essas aspirações, que existem por todo o mundo, sejam reconhecidas.

No monumento erigido na entrada do estaleiro de Gdansk em memória aos que morreram em dezembro de 1970, estão as palavras do Salmo 29:11: "O Senhor fortalecerá o Seu povo, o Senhor dará a ele a Sua bênção de paz."

Que essas palavras sejam a nossa mensagem de fraternidade e esperança.

Lech Walesa
Ex-presidente da Polônia e ganhador do
Prêmio Nobel da Paz, Polônia

Naqueles dias, o Cristo do Corcovado, olhando do alto a cidade de São Sebastião do Rio de Janeiro, estremeceu e veio à vida. Por ser antes cimento e pedra, Ele tornou-se carne e osso. Estendeu os braços, para a cidade e para o mundo, abriu a boca e pôs-se a falar:

Tenho pena de vocês, milhões e milhões de irmãs e irmãos, meus filhos, apartados de sua terra, sozinhos, escondidos nas florestas, amontoados nas fronteiras, dispersos ao longo de muitos caminhos, sem nenhum samaritano que os salvem.

Abençoados sejam vocês todos, os pobres, os famintos, os enfermos e os sem esperança. Meu Pai, doador da vida, os conserva em Seu Coração. Ele há de inaugurar Seu Reino de Vida, de justiça, de ternura e liberdade e vocês serão os primeiros a habitá-lo.

As blasfêmias de vocês não são blasfêmias para mim. São súplicas atormentadas. Para mim, o individualismo de vocês não é egoísmo. É uma vontade férrea de sobreviver.

A paixão dolorosa de vocês tem mais estações do que a minha. Vocês desempenharam o papel da minha Paixão redentora séculos a fio.

Que o desgosto lhes pese, detentores do poder, que por mais de quinhentos anos sugaram o sangue dos trabalhadores. Vocês os reduziram a combustível barato para que suas máquinas produzissem uma riqueza imerecida. Até o meu Santo Nome é usado para legitimar a ordem de vocês, que é desordem, e que não traz nenhum progresso às pessoas.

Orações de Solidariedade e Justiça

Só há um caminho de salvação para vocês, só um: juntar-se em solidariedade com a luta dos oprimidos que buscam o pão, a liberdade, a ternura e a beleza, não só para si mesmos. Assumam a causa dos pobres, que lhes será transformadora, e poderá haver mais vida e liberdade para todos.

Abençoadas e abençoados sejam minhas irmãs e meus irmãos negros, escravizados injustamente. A humilhação histórica que vocês sofreram colocou-os no coração do Pai celestial. Vocês são o Servo que sofre presente na história, libertado pelo sofrimento, redimido pelo sangue, salvo pela cruz. Vocês mesmos ainda não conhecem a bondade imensa que levam a todos, resistindo, não perdendo a fé, cantando, dançando, sonhando com a Terra Prometida. Até o dia final, vocês terão o direito de clamar por direitos, por reconhecimento, liberdade e vida plena.

Abençoados os que lutam pela terra na zona rural, trabalhando para preparar a mesa de barro para todas as pessoas famintas do mundo. Abençoados são os que lutam pela terra na cidade para que os filhos e filhas de Deus lá habitem com dignidade.

Abençoadas as mulheres que se opõem ao jugo, que lutam por uma nova sociedade em que homens e mulheres convivem com as diferenças, com a reciprocidade, com o aperfeiçoamento e a solidariedade, pois vocês inaugurarão uma aliança fraterna.

Abençoados são os milhões de crianças de rua desfavorecidas e abandonadas, vítimas de uma sociedade de exclusão. Meu Pai secará as suas lágrimas, os abraçará com força e brincará eternamente com vocês, porque Seu filho Jesus, quando criança, foi ameaçado de morte e teve de fugir para o Egito.

Felizes são os pastores, os bispos, os padres, os irmãos e as irmãs e os organizadores da comunidade que com humildade trabalham para servir as pessoas. Alegres são os movimentos que procuram a libertação para todos, a começar dos oprimidos e marginalizados. Vocês tomam para si a mesma causa pela qual vivi, sofri e fui crucificado. Ninguém dentre vocês é caluniado por não pertencer ao meu grupo nem por não falar de mim. Vocês também são meus apóstolos, e não estão longe do meu reino.

Abençoados os que buscam novos caminhos para a sobrevivência, novos meios de produção, distribuição comunitária e consumo partilhado. Eu lhes asseguro que seguirei com vocês e descobriremos novas formas de partilha.

Abençoados são os que aguardam com lágrimas nos olhos a grande aurora da libertação, fruto da divina graça e da luta humana; pois os seus olhos verão a glória dos raios do sol da justiça. Abençoados são os que preservam a boa vontade, alimentam a chama interior e sempre estão a sonhar com um mundo novo.

Depois de dizer essas palavras de advertência, de consolo e de promessa, Cristo voltou a ser pedra, os braços estendidos e o coração à vista. Todos deveriam saber que os envolve o seu abraço, porque eles são eternamente amados. E assim foi, é e será amanhã no sol e na chuva, no vento e na noite, por séculos e séculos, amém.

Leonardo Boff
Líder do Movimento da Teologia da Libertação, Brasil

* * *

Wakan Tanka, Criador, Grande Espírito, olha por nós e tem piedade. Meu coração clama enquanto envio minhas oferendas. Ancestral, todos os dias o meu *oyate*, o meu povo, tropeça ou cai. O vento é gélido, meus olhos estão marejados de lágrimas enquanto me volto aos quatro ventos. É alvorada agora, Ó ancestral. Eu te ouço enquanto levanto a mão. Ouço o grito de uma águia ao vento. Mitakuye, a Águia, eu rezo a ti — tu que vês o pai, o sol. Abençoa a nossa medicina e a *unci make*, mãe terra. Mãe Terra, eu te sinto com os meus pés descalços, espírito em todas as coisas, Criador de todas as coisas. Sinto o espírito de nossos ancestrais que oraram por este rubro 21 de junho.

Rezo a ti porque tenho a sensação de que estamos na encruzilhada. Não quero ver o meu povo sofrer mais. Sei que as visões e os sonhos de nosso povo estão se concretizando. Vivemos um tempo de mudanças, os filhotes do búfalo branco sagrado estão nascendo. Sei que as profecias e visões dos grandes líderes estão se realizando.

Enquanto rezo para o antepassado do oeste *wakinyan oyate*, o povo do Trovão, rezo com a minha *chanopa*, flauta sagrada, e com a minha oferenda de um modo humilde para que a paz e a harmonia sejam restituídas e os lugares sagrados respeitados. Derrama a tua bênção sobre nós como filhos da Mãe Terra para a saúde e a felicidade, Wakan Tanka. Melhor me sinto agora enquanto volto a ti a minha voz, enquanto estou aqui, no nosso ciclo vital, onde não há nem fim nem começo. Rezo para que a sagrada aliança da nação e de muitas nações sobre a Mãe Terra seja restaurada e sanada em paz; *Wolakota sunka wakan wicasa miyelo*. Meu nome é Cavaleiro.

Chefe Arvol Looking Horse
Guardião da décima nona geração da
Flauta do Filhote de Búfalo Branco Sagrado,
Nações Lakota/Dakota e Nakota, Dakota do Sul

Orações de Solidariedade e Justiça

Rezemos pela paz no mundo, pela justiça social, pelo equilíbrio ambiental, que começa com a nossa própria respiração.

Inspiro calmo e expiro concentrado.

Já que tenho sementes de paz e de felicidade em mim, tento diminuir o meu desejo egoísta e reconstituir a minha consciência. Com menos apego a mim mesmo, tento entender a violência estrutural no mundo.

Unindo coração e mente, percebo o mundo holisticamente, uma esfera cheia de criaturas vivas que se relacionam diretamente comigo.

Tento aumentar a minha compreensão com amor para ajudar a criar um mundo mais pacífico.

Prometo viver de modo simples, e ajudar os oprimidos.

Pela graça dos Piedosos e com a ajuda dos bons amigos, possa eu tomar parte no ato de diminuir o sofrimento do mundo para que ele seja um hábitat adequado onde todos os entes sencientes possam viver em harmonia durante o próximo milênio.

Sulak Sivaraksa
Ativista social e ganhador do Right Livelihood Award,
Santi Pracha Dhamma Institute, Tailândia

* * *

Mãe celestial, Pai celestial,
Santos e abençoados são os vossos verdadeiros nomes.
Rezamos para a chegada do vosso reino de paz,
Rezamos para que seja feita a vossa vontade,
Que a terra e o céu se tornem uma coisa só.
Dêem-nos hoje o pão de que precisamos,
Dêem-no a quem não tem nada.
Que o perdão flua como um rio através de nós,
De uns aos outros, sucessivamente.
Induzi-nos à santa inocência
Além do mal dos nossos dias,
Vinde depressa, Ó Mãe, Ó Pai!
É vosso o poder e a glória e a misericórdia —
Para sempre o vosso nome é Todos em Um.

Parker Palmer
Escritor e professor quacre, Wisconsin

* * *

Por dez mil anos tenho estado dormindo
  e agora estou sendo acordada.
Minhas pálpebras pesadas são bosques:
Eles estão acenando.
Meu coração, as nuvens estão surpresas
  porque estão me chamando, chamando.
Meu corpo da terra está adornado
  de mil flores,
Muitos seios que são meus,

Orações de Solidariedade e Justiça

as montanhas erguendo alegres os dedos,
Estão chamando! Estão chamando!
Quero abraçar os tristes e os perdidos.
Todas as minhas faltas as minhas mãos condenarão à morte.
Eu sou a defensora de cada mulher
Assim como sou a defensora do meu ser sagrado.
Sou a Mãe terra, a Única;
Tudo nasceu de mim;
Porto a semente de toda a criação;
Concedo sozinha a vida.
Oh, oh, oh, oh, estou desperta.
Oh, estou respondendo ao chamado...

Masika Szilagyi
Poeta

* * *

Você me acolheria?
Será que eu o acolheria?
Você me acolheria?
Será que eu o acolheria?

Você acolheria um cristão?
   um muçulmano?
   um judeu?
   um herege?
   um condenado?
   um espião?
Você acolheria uma fugitiva?
   ou uma criança?
   um poeta?
   um profeta?
   um rei?

Você acolheria um exilado? ou
   um refugiado?
   uma pessoa com AIDS?
Você acolheria uma Harriet Tubman?
   um Garrett?
   um Sojourner Truth?
   um fugitivo, ou
   um escravo?
Você acolheria um haitiano?
   um coreano?
   um tcheco?
   uma lésbica? ou
   um *gay*?

Você me acolheria?
Será que eu o acolheria?
Você me acolheria?
Será que eu o acolheria?

Ysaye M. Barnwell
Cantor e compositor, Sweet Honey in the Rock,
Washington, D.C.

Ouço as mulheres do Rio
elas tentam falar
das crianças de rua assassinadas
e meu coração se parte.

Ouço as mulheres de Chernobyl
falando dos rostos infantis e inexpressivos
envelhecidos e sem vida,
e meu coração se parte.

Ouço as mulheres de Bhopal
murmurar sobre o caráter grotesco
da deformidade e da doença,
e meu coração se parte.

Ouço as mulheres de Adis-Abeba
dar a descrição da fome
e da seca;
e meu coração se parte.

Ouço as mulheres de Chipre,
da Irlanda, Sri Lanka
e da África do Sul.
Ao ouvir sobre o sofrimento do conflito,
meu coração se parte.

Mas também
ouço as Madres, as Mulheres de Preto
e as mães africanas. Ouço
as jovens da Ásia e da Orla do Pacífico.
Ouço as vozes femininas da África do Norte
do Oriente Médio e do Leste Europeu.
E ouço

Orações de Solidariedade e Justiça

o Poder de Toda Mulher,
Em toda parte.
Então, me regozijo,
Tenho esperança,
Tomo coragem.

Elayne Clift
Poeta, Vermont

* * *

Para os cristãos em todo o mundo, o ano 2000 será uma época para lembrar com agradecimento o Uno cujo nascimento se comemora; contudo, a par desse agradecimento virá, espero, a reflexão compenetrada sobre os erros que cometemos no passado, além de certa determinação quanto a sermos um reflexo ainda mais fiel das doutrinas de nosso Fundador no futuro.

Nossa fé, na sua expressão mais acabada, jamais limitou-se a certa preocupação quanto a alguma parcela exclusiva da sociedade. Descobrimos nosso verdadeiro eu no serviço prestado aos outros de qualquer nação, raça, *status* social e crença. Minha esperança e minha antevisão são as de que a Igreja aprenderá de novo o que o próprio Jesus nos ensinou: que "o maior dentre nós deve ser servo de todos".

Arcebispo George L. Carey
Arcebispo de Canterbury, Inglaterra

O universo se desenvolve por um processo contínuo de colapso, caos e erupção espontânea em novos níveis de ordem e sentido. Esse processo dá-se em cada manifestação da vida: nas estrelas, nos planetas, na terra, nos continentes, nos oceanos, nas plantas, nos animais e nos seres humanos.

Neste nosso mundo humano, as antigas formas estão vindo abaixo e o caos ameaça aniquilar todas as coisas; porém, a exemplo do universo, nós também haveremos de emergir em novos níveis de ordem e sentido. A consciência é a única reflexão que temos do universo: somos o universo de um modo consciente. Participamos mais intimamente do grande desenvolvimento. Realizamos juntos a jornada.

Líder:	Resposta:
em face da escuridão cada vez maior	*Realizamos a jornada juntos*
Em face do declínio ecológico	*Realizamos a jornada juntos*
Em face da revolta social	*Realizamos a jornada juntos*
Em face da incerteza que aumenta	*Realizamos a jornada juntos*

Todos: *Em face da escuridão cada vez maior, realizamos a jornada juntos rumo à luz.*

Líder:	Resposta:
Enquanto buscamos vislumbres da verdade	*Realizamos a jornada juntos*
Enquanto buscamos indícios da possibilidade	*Realizamos a jornada juntos*

Orações de Solidariedade e Justiça

Enquanto buscamos os arautos de uma nova era	*Realizamos a jornada juntos*
Enquanto buscamos os anjos da esperança	*Realizamos a jornada juntos*

Todos: *Enquanto buscamos vislumbres da verdade, realizamos a jornada juntos rumo a novos níveis de sentido.*

Líder:	**Resposta:**
Enquanto construímos nosso mundo a partir do caos	*Realizamos a jornada juntos*
Enquanto construímos nosso mundo a partir dos destroços da ilusão de superioridade	*Realizamos a jornada juntos*
Enquanto construímos nosso mundo a partir de nossas instituições impróprias	*Realizamos a jornada juntos*
Enquanto construímos nosso mundo a partir da partilha injusta dos recursos	*Realizamos a jornada juntos*

Todos: *Enquanto construímos nosso mundo a partir do caos, realizamos a jornada juntos rumo a uma nova era de justiça.*

Líder:	**Resposta:**
Enquanto o universo se desenvolve	*Realizamos a jornada juntos*
Enquanto o universo se desenvolve através da comunicação espontânea	*Realizamos a jornada juntos*

Enquanto o universo *Realizamos a jornada juntos*
se desenvolve através
de novos níveis de
sentido
Enquanto o universo *Realizamos a jornada juntos*
se desenvolve através
de novas formas de
existência

Todos: *Enquanto o universo se desenvolve, realizamos a jornada juntos na imensa evolução de Deus.*

Rev. Daniel Martin
International Community for the
Renewal of the Earth (ICRE), Nova York

* * *

Com os braços cingimos uns aos outros
um par de braços humanos comuns, que pagam impostos,
não para descansá-los
mas para fortalecê-los
um par de braços humanos comuns, afeitos ao concreto,
tornados mercadoria
um par de braços humanos
comumente necessitando
comumente abraçando
com eles cingimos uns aos outros
eles estão no seguro, comumente vestidos
um par de braços humanos

Orações de Solidariedade e Justiça

que interpretam o amor
como são fortes!
soberanos, independentes —
não importa onde
não importa a que hora
não importa em que estação do ano
de repente e para todo o tempo
braços humanos
sem especulação
com eles cingimos uns aos outros
como que para mostrar que sua incapacidade
não existe.

Marianne Larsen
Poeta, Dinamarca

* * *

Somos seres humanos femininos em suspensão no tempo do novo milênio. Formamos a maioria da nossa espécie. No entanto, temos habitado em meio às trevas. Somos as invisíveis, as ignorantes, as trabalhadoras, as refugiadas, as pobres.

E nós juramos: Nunca mais.

Somos as mulheres que têm fome — de arroz, de um lar, de liberdade, de outras pessoas, de nós mesmas.

Somos as mulheres que têm sede — de água pura e de risadas, de instrução e de amor. Em todas as épocas existimos, em

Orações de Solidariedade e Justiça

cada sociedade. Sobrevivemos ao "feminicídio". Rebelamo-nos — e deixamos pistas.

Somos a continuidade, tecendo o futuro a partir do passado, tecendo a lógica com o lírico.

Somos mulheres racionais e bradamos SIM.

Somos mulheres que temos os ossos quebrados, a voz entrecortada, a mente cindida e o coração partido — mas somos mulheres que ousam sussurrar um NÃO.

Somos mulheres cuja alma não pode ser contida por nenhum cárcere fundamentalista.

Somos mulheres que se recusam a deixar que se semeie a morte no jardim, no ar, nos rios e oceanos.

Somos mulheres sobre quem os homens advertiram.

Cada uma de nós tem valor, é única, necessária. O fato de não termos de ser todas iguais nos fortalece, abençoa e alivia. Somos as filhas da ansiedade. As mães no trabalho de parto para dar à luz os políticos do século XXI.

Robin Morgan,
1994 Women's Environment and Development
Organization Global Strategies Meeting

* * *

Orações de Solidariedade e Justiça

Querido Deus,
Tua vontade é que sejamos um só.
Nós te agradecemos pelo fato de nos conclamares à comunhão
contigo e de uns com os outros.
Tua generosidade e piedade sempre nos arrebatam
pela surpresa.
Nós te bendizemos pela visão
da inclusão, da solidariedade e da compaixão
que nos deixa abertos, que aumenta a nossa simpatia
e nos amplia o coração.

Confiamos ao teu cuidado complacente
os que nos seriam fáceis de esquecer —
os sem-teto e os famintos,
os viciados e os perdidos,
as almas abandonadas e as crianças que ferem.

Nós te agradecemos pela imaginação e pela generosidade
dos que prestam serviços
em nome do amor e da compaixão
aos mais necessitados.

Busquemos, juntos,
servir os necessitados, os rejeitados e esquecidos.

Dá combate à nossa indiferença,
desafia os nossos limites, surpreende-nos com o júbilo.

Querido Deus,
olha por nós neste mundo de sofrimento e de glória
e mantém vivas a nossa simpatia
e a nossa piedade
mantém o nosso rosto voltado para o céu

Orações de Solidariedade e Justiça

para que não nos embruteçamos.

Amém.

Rev. Alan Jones
Deão da Grace Cathedral, São Francisco, Califórnia

* * *

Agora, supõe-se que eu lhes diga, "Vão em paz"; mas como eu posso dizer "Vão em paz" se vocês vão sair para encontrar um mundo onde estão inseguros, quer em casa quer na rua onde vocês moram?

Num mundo onde uma raça se volta contra a outra, e a limpeza étnica é o nome que designa o genocídio?

Num mundo em que as pessoas estão famintas e não têm onde morar, enquanto os governos desperdiçam bilhões de dólares em instrumentos de destruição que não ousam utilizar?

Num mundo onde a cada noite milhões de mães vêem os filhos mergulhar num torpor de fome, só para despertar (se despertarem) para mais um amanhã de fome?

Com um mundo como esse aí, como posso dizer a vocês "Vão em paz"?

Ouso dizer, porém, "Vão em paz", porque Jesus diz "Eu lhes dou a minha paz"; no entanto, lembrem-se de que aquele que diz "Eu lhes dou a minha paz" também diz, "Se vocês forem meus discípulos e [por causa disso] tiverem a minha paz, carreguem sua cruz e me sigam!" Assim, ouso dizer "Vão em paz" — se vocês ousarem!

Clinton M. Marsh
Presbyterian Peace Fellowship, Geórgia

*S*enhor, quando te vimos faminto?

Eu estava faminto e vocês estavam voando ao redor da lua.
Eu estava faminto e vocês me disseram que esperasse.
Eu estava faminto e vocês formaram um comitê.
Eu estava faminto e vocês mudaram de assunto.
Eu estava faminto e vocês me disseram:
   "Não há motivo para isso."
Eu estava faminto
   e vocês tinham a conta das armas para pagar.
Eu estava faminto e vocês me contaram:
   "Agora as máquinas fazem esse tipo de serviço."
Eu estava faminto e vocês disseram:
   "A lei e a ordem em primeiro lugar."
Eu estava faminto e vocês disseram:
   "Sempre existirão pessoas pobres."
Eu estava faminto e vocês disseram:
   "Meus antepassados também passaram fome."
Eu estava faminto e vocês disseram:
   "Depois dos cinqüenta, você não vai encontrar emprego."
Eu estava faminto e vocês disseram:
   "Deus ajuda os necessitados."
Eu estava faminto e vocês disseram:
   "Desculpe-me, volte outro dia."

Oração luterana anônima do século XX, França
Traduzida para o inglês por Mary-Theresa McCarthy

* * *

Nunca fui muito boa para rezar do modo convencional. Estou mais inclinada a rezar em lugares os mais estranhos.

Viajar de avião é uma das coisas de que menos gosto de fazer; no entanto, a cabina escura de um 747, enquanto ele corta rápido o céu noturno a uns 37 mil pés acima da Mãe Terra, muitas vezes tem sido a minha igreja.

Muitas das viagens que faço são em favor das crianças do mundo. Ver as crueldades perpetradas a elas me perturba profundamente, e meu temperamento irlandês se torna difícil de controlar. É só por meio da oração que posso mudar inteiramente essa raiva e começar a fazer coisas construtivas em vez de destrutivas para ajudar a diminuir, pelo menos um pouco, o sofrimento das crianças.

Meu carro também me serve de igreja. Enquanto estou guiando sozinha, peço a Deus que me oriente — tanto na estrada como no meu trabalho.

Rezo para um mundo em que as crianças sejam tratadas com amor e dignidade; entretanto, só a oração não basta. Assim como as lágrimas sem as atitudes são sentimento inútil, a oração sem a atitude de nada serve. Apesar de tudo, Deus não criou a confusão em que este mundo se encontra: nós, sim, é que a criamos!

Sim, reze, de todas as formas; mas tenha a coragem de ajudar Deus a mudar os erros terríveis de nosso mundo.

Como o nosso bem-amado amigo Monsenhor Michael Buckley disse muitas vezes ao término da Missa: "Possa a paz de Cristo perturbá-los inteiramente."

Betty Williams
Laureada com o Prêmio Nobel da Paz de 1976,
Fundadora do World Centers of Compassion for Children, Flórida

Continuamos a seguir o espírito das pessoas que se foram antes de nós, que nos transmitiram as leis para a terra e o modo certo de estabelecer os relacionamentos humanos para a conservação de nossa religião e da cultura.

Apesar do que as pessoas das companhias de mineração e de outras companhias possam preferir pensar, nosso país ainda faz sentido para nós, e o seu sentido é comunicado através de sítios sagrados que cruzam o continente. Continuamos a amar a nossa terra, o país que nos dá vida, que nos dá nossas instituições sociais, políticas e familiares.

Não vamos nos sentar mais ao pé de sua mesa e ver vocês engordarem fora da nossa terra.

Não vamos aceitar mais as migalhas que vocês escolhem para jogar a nós e, depois, ameaçar tirá-las.

Não vamos desistir da nossa luta pelo reconhecimento, pela independência e pela dignidade.

Como nossos antepassados, não vamos morrer, não vamos fugir; nosso gênio cultural particular tem raízes que se perdem no tempo, além dos registros da história, e que continuam a nos amparar.

Pat Dodson
Aborígene australiano

* * *

Esta oração é endereçada às criaturas de Deus.

Ó tribo grande, poderosa, enxameando sempre, eu rezo, com a paixão mais sincera, para que você seja tão consciente do seu potencial para o mal quanto para o bem. Alguns de nós sempre estiveram dispostos a lançar mão até mesmo do assassinato, e todos nós, é razoável temer, somos infratores em potencial; felizmente, porém, nossa raiva violenta, nossa cobiça, nosso egoísmo, nossa agressividade sexual e nosso orgulho são contrabalançados pela capacidade que temos de amar, de sorrir, de alimentar, de vestir, de ensinar e, de outras formas, atender às necessidades dos outros.

Algumas lições morais são confusas, mas outras são claras: como a de que preferiríamos nos ver sensibilizados de maneira afetuosa a nos ver espancados e sentindo dor; a de que preferiríamos ser alimentados a ser alvo da negação do alimento; a de que preferiríamos ser livres em vez de prisioneiros e ser amados em vez de desprezados. Por conseguinte, deveríamos aproveitar cada oportunidade para tratar os outros exatamente da forma que gostaríamos de ser tratados, para não cometer atos que criticamos nos outros.

Rezo para que consigamos fazer isso.

Steve Allen
Músico, compositor, comediante e autor, Califórnia

* * *

Se eu cuspisse na pedra negra que é venerada em Meca durante o ponto culminante da peregrinação anual, eu seria morto no ato por peregrinos furiosos, por eu ter ousado profanar o símbolo sagrado do Islã. A bala de um soldado israelense nas costas seria o meu destino merecido por pichar o Muro das Lamentações. Tampouco eu viveria muito se eu defecasse no chão do Templo Dourado dos Sikhs. A vida não seria agradável para mim se eu tomasse de um martelo para destruir a *Pietà* no Vaticano, pois que nós, seres humanos, estimamos as nossas criações, e tratamos cruelmente os que não conseguem partilhar nossa reverência por velhos muros de pedra, meteoritos, estátuas de mármore, ícones e construções arquitetônicas.

Aquilo que amamos, protegemos. O que veneramos, defendemos. Morremos e — evidentemente, não hesitamos em matar — por aquilo que valorizamos; no entanto, todos os dias, seres humanos penetram as catedrais mais sagradas e veneráveis do mundo natural — as florestas de sequóia do norte da Califórnia ou as florestas tropicais da Amazônia — e todos os dias, a modo de profanação, violamos esses grandes mistérios com serras elétricas e máquinas de terraplenagem.

Onde está a revolta por causa da destruição das florestas tropicais? Onde a raiva violenta dos que poluem os oceanos? Onde a tristeza pelas centenas de espécies que a humanidade condenou ao oblívio da extinção?

O mundo natural é uma abstração para uma espécie que pensa demais no céu. Prestamos culto a um criador moldado à imagem do Homem e dessacralizamos a natureza a partir da raiva e do ciúme pela independência que essa natureza tem com respeito ao homem.

Não vemos as baleias; vemos o óleo. Não vemos as árvores; vemos o papel higiênico ou as casas. Não vemos os rios, vemos a hidrelétrica. Não vemos um oceano; vemos o esgoto.

Foram-se para sempre a ave dodo, o pombo selvagem, a torda-mergulhadeira e periquitos da Carolina. Nosso planeta nunca mais será embelezado pelo lobo cinzento, pelo urso Atlas, pelo leão da Berberia, ou pelos leões-marinhos. Não crescerão mais certas espécies de orquídeas, palmeiras, nem a exótica hau kuahiwi. Os domínios dos insetos, dos moluscos, dos anfíbios e dos répteis não têm tido melhor sorte — todos eles vítimas da arrogância e da ignorância do homem.

Nosso reino breve e brutal alcançou esse período de um minuto na idade da Terra; no entanto, a destruição que fizemos extirpou espécies e hábitats que embelezaram a Terra por milhões de anos antes de nossa existência. Estamos gerando a sexta extinção numa escala mil vezes maior do que as cinco anteriores; a última ocorreu há 65 milhões de anos.

Pensamos pouco nessas coisas, apagando nossa memória das espécies extintas como com um esfregão para ficarmos com a consciência tranqüila.

Para o futuro, sonhamos com grandes conquistas de planetas. Criamos grupos de relações públicas em viagens para nos representarmos uns aos outros como uma espécie moral e honrada. Em nome de nossas filosofias antropocêntricas, podemos destruir tudo e chamar a isso de progresso.

A pergunta é: quanto tempo podemos continuar nessa loucura que é viver desafiando as leis da ecologia?

Se ignorarmos a lei da biodiversidade, nossos ecossistemas entrarão num colapso maior com a perda de cada espécie não substituída. Se ignorarmos a lei da interdependência, haveremos de estar sozinhos e abandonados, na condição de vítimas finais de nossa própria arrogância. Se ignorarmos a lei do crescimento finito, nos veremos em choque por causa de nossa própria corrupção, enquanto o valor da vida humana for diminuindo na proporção das multidões cada vez maiores de nossa própria geração.

Talvez seja apropriado o fato de o homem ser um primata. Quando tudo foi dito e feito, pelo menos nossa condenação pode ser amenizada pelo simples fato biológico de que somos macacos.

E como bons macaquinhos, não vimos mal nenhum, não ouvimos falar do mal e não falamos nada de mal enquanto lagarteamos na glória do império decadente do antropocentrismo, isolados do sofrimento de um sem-número de espécies subjugadas e em extinção, esquecendo que fazemos parte daquilo que irrefletidamente destruímos e, nessa condição, seremos nossas próprias vítimas finais.

Capitão Paul Watson
Co-fundador do Greenpeace e fundador da
Sea Shepherd Conservation Society, Califórnia

* * *

Rezemos, irmãos,
pelos que encheram os bolsos
de pedras
e cujo punho ainda está cerrado
pelos que por não terem amado
não foram amados
e enterraram seu ser empedernido
além da costa do afeto.

Rezemos pelos que põem a perder a inocência
com velocidade incauta.
Rezemos

pelos que se prendem
na amargura
e desferem golpes que machucam.

Rezemos
pelos que não serão felizes
e que não se tornarão o que tinham esperança de ser.
Rezemos
pelo que foge de si mesmo
e se perde a si mesmo no mundo sórdido
onde o resíduo gravita
e é lançado
ao pavor das ruas.

Rezemos
para que possamos viver em uma nação
"com todos e para o bem-estar de todos"
sem nos desvalorizarmos mutuamente.
Rezemos, irmãos,
por um abraço infinito e universal.

Rafael Bordao
"Prayer for a New World", poeta cubano, Nova York

* * *

Evocamos o teu nome, Avalokiteshvara. Aspiramos a aprender o teu modo de ouvir para ajudar a diminuir o sofrimento no mundo. Sabes ouvir para entender. Evocamos o teu nome para a prática de ouvir com toda a nossa atenção e nossa aceitação. Vamos nos sentar e ouvir sem nenhum preconceito. Vamos nos sentar e ouvir sem julgar nem reagir. Vamos nos sentar e ouvir para aprender. Vamos nos sentar e ouvir de modo tão atento que poderemos ouvir o que a outra pessoa está dizendo e também o que ficou por dizer. Sabemos que só ouvindo profundamente nós já diminuímos muito o pesar e o sofrimento na outra pessoa.

Evocamos o teu nome, Manjushri. Aspiramos a aprender o teu modo de ser, o de ficar imóvel e olhar profundamente para o âmago das coisas e para o coração das pessoas. Olharemos com toda a nossa atenção e aceitação. Olharemos com olhos sem preconceito. Sem julgar nem reagir. Olharemos profundamente para que possamos ver e entender as raízes do mal-estar, a natureza transitória e desinteressada de tudo o que existe. Praticaremos o teu modo de usar a espada da compreensão para cortar as amarras do mal-estar, libertando assim a nós mesmos e às outras espécies.

Evocamos o teu nome, Samantabhadra. Almejamos a praticar a tua aspiração quanto a agir com os olhos e o coração da compaixão. Prometemos levar a alegria a uma pessoa de manhã e aliviar a dor de alguém à tarde. Sabemos que a felicidade dos outros é a nossa felicidade, e prometemos praticar a alegria na senda do serviço. Sabemos que cada palavra, que cada olhar, cada ação e cada sorriso podem levar a alegria aos outros. Sabemos que, se praticarmos com seriedade, nós mesmos poderemos nos tornar uma fonte inesgotável de paz e alegria para nossos entes queridos e para todas as espécies.

Evocamos o teu nome, Ksitigarbha. Almejamos aprender o teu modo de ser para estarmos presentes onde houver trevas, sofrimento, opressão e desespero, de sorte que levemos a luz, a esperança, o conforto e a liberdade a esses lugares. Estamos determinados a não esquecer nem abandonar os que se encontram em situação desesperada. Daremos o melhor de nós mesmos para fazer contato com essas pessoas quando elas não puderem achar uma saída de seu sofrimento, e quando seu grito por ajuda, justiça, igualdade e direitos não for ouvido. Temos consciência de que o inferno existe em muitos lugares na Terra, e de que não queremos contribuir para a sua proliferação. Em vez disso, queremos ajudar a desfazer as formas de inferno que já existem. Praticaremos a compreensão das qualidades da perseverança e da estabilidade que pertencem à Terra, para que, a exemplo da Terra, possamos sempre dar apoio e fé aos que de nós necessitam.

Plum Village Community
Fundada por Thich Nhat Hanh,
Zen-budista vietnamita, França

* * *

Ó águas fundas que se quebram. boas. lavem

ponham um fim a essa desumanidade
em que a fraqueza é fomentada, continuamente alimentada, no
    entanto, com os fracos recebendo
um castigo desproporcional à sua fraqueza
onde formas de imprudência inofensivas são matéria
para as mentiras dos fanáticos, dos fascistas e dos misantropos
onde a comunidade é uma falsificação
ponham um fim ao império das falácias em nome dos corretos
que os justos avancem

Ó águas fundas que se elevam. sejam a mãe dos bons. lavem

ponham um fim a essa desumanidade
onde os hipócritas e os insensíveis no poder impingem
um ascetismo cruel aos fracos
questionam seus advogados até a ineficácia
deixam que os dotados de coração sintam fome até a vileza.
   onde o trabalhador
é desvalorizado e os diferentes não têm valor
ponham um fim ao império da falsificação em nome dos piedosos
que os bravos descubram a força de seus punhos

Ó águas fundas que se turvam. sejam o pai dos bons. lavem

ponham um fim a essa desumanidade
em que vidas feridas apodrecem sem cura e expressão
onde qualidade e ternura estão além
dos meios dos necessitados, onde os que apresentam disfunção
são confiados às prisões, às ruas e aos crematórios públicos
onde o ritual dos quadrinhos consola os que estão fora da ordem
(sempre os famintos devoram a terra)
ponham um fim ao império da insensibilidade em nome da economia
que avancem os enamorados

Ó águas fundas que se elevam. sejam o *homenino* dos bons. lavem

ponham um fim a essa desumanidade
onde diversão é religião, onde a trucagem
e a crueldade são legitimadas, as instituições
se fundam sobre o medo, a tradição é a calcificação
da negação, a sinceridade um desvio de caráter

Orações de Solidariedade e Justiça

onde a afetação impera sobre a autenticidade
ponham um fim ao reinado dos assassinos sob a aparência da
   lei e da ordem
que os há muito amordaçados falem

Ó águas fundas que se elevam. sejam *femeninas* para os bons.
   lavem

ponham um fim a essa desumanidade
onde medram os enganadores e os negociantes da cobiça
onde os rufiões controlam o fluxo da beleza e os canhestros
controlam os de talento. onde os abusos cometidos para o lucro
são recompensados onde a censura de si mesmo é recompensada onde
a covardia é recompensada e o brilho desconhecido evitado

Ó elevações de águas fundas. combinações dos bons para os
   bons

ponham um fim ao império da falsa prosperidade
em nome do progresso
ponham um fim ao império da arrogância
em nome da educação
ponham um fim ao império da difamação
em nome da justiça
que a canção ecoe na vastidão do céu

Ó ímpetos de águas fundas lavem o bem na *glorialvorada*

Wanda Coleman
Poeta, Califórnia

* * *

Ouçam,
com o cair da noite estamos dizendo obrigado
estamos parando nas pontes para nos debruçar nas grades
estamos correndo para fora das salas de vidro
com a boca cheia de alimento para olhar o céu
e dizer obrigado
estamos à beira da água olhando atentos
 em várias direções.

depois de voltar de uma série de hospitais de voltar de um assalto
depois dos funerais estamos dizendo obrigado
depois das notícias dos mortos
independentemente de os termos conhecido estamos dizendo obrigado
olhando para o alto à mesa estamos dizendo obrigado
numa cultura mergulhada até o pescoço na vergonha
vivendo no fedor que ela escolheu estamos dizendo obrigado

debruçados sobre os telefones estamos dizendo obrigado
à entrada e atrás dos carros e nos elevadores
lembrando as guerras e a polícia na porta dos fundos
e nas surras na escada estamos dizendo obrigado
nos bancos que nos usam estamos dizendo obrigado
com os vigaristas no escritório com os ricos e com os que estão na moda
inalteráveis seguimos dizendo obrigado obrigado

com os animais morrendo à nossa volta
com os nossos sentimentos em vão estamos dizendo obrigado
com as florestas tombando mais rápido do que os minutos
de nossa vida estamos dizendo obrigado
com as palavras saindo como células de um cérebro

Orações de Solidariedade e Justiça

com as cidades crescendo acima de nós como a terra
estamos dizendo obrigado mais depressa e mais depressa
sem ninguém que ouça que estamos dizendo obrigado
estamos dizendo obrigado e acenando
por obscuro que isso seja

W. S. Merwin
Poeta, Havaí

* * *

E então tudo o que nos dividiu se fundirá
E a compaixão se unirá ao poder
E a brandura virá a um mundo
    duro e hostil
E então homens e mulheres serão doces
E então as mulheres e os homens serão fortes
E ninguém
    estará sujeito à vontade de ninguém
E todos serão ricos e livres e variados
E a cobiça de alguns dará lugar às necessidades de muitos
E todos partilharão igualmente
    da fartura da terra
E todos zelarão
    pelos doentes, os fracos e os velhos
E todos tratarão com carinho as criaturas da vida
E todos viverão
    em harmonia uns com os outros e com a terra
E todo lugar
    será chamado de Éden uma vez mais.

Judy Chicago
Artista e autora

Orações de Solidariedade e Justiça

Parte 8

REFLEXÕES
sobre POLÍTICA,
ECONOMIA
e MORAL

Naquele espaço exíguo entre todos os dados está a liberdade.
SUE BENDER

Como devemos orientar a nós mesmos, fiéis aos nossos compromissos com a justiça e com a liberdade? E o que consideraremos trabalho digno de nossos sonhos? Essas duas perguntas estão no cerne das reflexões seguintes sobre política e economia. O que cria um bom programa de ação, um bom trabalho?

Os escritores na Parte 8 refletem de modos variados acerca dos valores que querem ver como fundamentos para nossa estrutura política e econômica. A necessidade de valores para fundação é ressaltada pelo líder birmanês Aung San Suu Kyi, cuja resistência a modo de não-violência quanto ao regime militar birmanês conquistou a admiração do mundo:

> O desafio que ora deparamos é o de as nações e os povos do mundo chegarem a um acordo sobre o conjunto fundamental dos valores humanos, que servirá como força unificadora no desenvolvimento de uma comunidade global genuína.

A ênfase nesta seção sobre a articulação de valores fundamentais de caráter político e econômico caminha lado a lado com a atitude pessoal. Precisamos fazer mais do que nos lembrarmos de nossas boas intenções, dizem esses autores. Precisamos *agir* a serviço de nossos valores. "Passemos", escreve Riane Eisler, "da compaixão pelos pobres do mundo para a mudança de nosso sistema econômico global." Esse chamado à ação é ainda mais tocante — e necessário — quando reconhecemos a imensidade e o anonimato de nossas instituições políticas e econômicas e seu compromisso com preservar um *status quo* injusto.

À proporção que entramos no terceiro milênio, de acordo com um boletim das Nações Unidas, a quinta parte mais rica da população mundial responde por 86 por cento do consumo privado, enquanto a quinta parte mais pobre consome apenas 1,3 por cento do que constitui o supra-sumo. E essa lacuna continua a ampliar-se. Só nos países industrializados há mais de cem milhões de sem-teto. A riqueza dos 225 povos mais ricos do mundo equivale à renda anual de quase metade da humanidade. Essas estatísticas aumentam no contexto do declínio ambiental global, da destruição difundida do hábitat animal e vegetal, da poluição maciça e do esgotamento dos recursos limitados.

A falácia política e econômica estarrecedora da possibilidade — e do caráter desejável — do "crescimento" econômico contínuo, baseado no esgotamento da terra e na diminuição da liberdade dos outros, nos faz lembrar do desenvolvimento de um tumor, que destrói o corpo que o alimenta. O interesse pessoal e a cobiça alimentam essa mentira. Sua própria natureza não pode tolerar a necessidade ou a beleza dos limites; no entanto, toda vida prospera ou morre segundo os limites dos ecossistemas; cada nicho em que se expande uma espécie é, por sua própria natureza, circunscrito. A nossa espécie, ainda que nos chamem de "sapiens" — os sábios — tem estado a consumir vorazmente o capital ecológico de que depende a nossa sobrevivência.

Eis por que pessoas de consciência e comunidades de fé precisam falar claramente neste momento. As tradições da resistência — por exemplo, o compromisso quacre com "falar a verdade ao poder", a tradição judaica dos profetas que desafiaram os reis, a linhagem do "budismo engajado" e a reação cristã de não capitular a César — são de importância fundamental para o nosso mundo. Se as pessoas trocarem a mentira pela verdade, teremos a oportunidade de reverter os danos dos séculos passados, cobrir as chagas de nosso povo e substituir o consumo excessivo e a concentração de poder pelas comunidades da justiça e pelas gerações da paz.

Como deixamos a mentira para adentrar o domínio da verdade? O rabino Michael Lerner nos oferece o primeiro passo:

> Rejeitemos o cinismo sobre a possibilidade de criar um tipo muito diferente de mundo — um mundo em que o comportamento ético e espiritual passam a ser a norma. Concordemos que nos anos que estão por vir insistiremos numa "nova linha de base" do amor e da solidariedade, além da sensibilidade espiritual...

Temos de assumir essa responsabilidade, cada qual a seu modo. O fato de lograrmos ou não êxito em nossa época não deverá afetar a nossa motivação para agir. Cada um de nós deve professar sua verdade ao poder e ao trabalho com vistas a um mundo mais livre e equânime, pelo simples motivo de preservar, em nosso coração e em nosso espírito, qualidades que seriam destruídas pela inação e pela apatia.

A fé não basta. Temos de nos comportar de acordo com a nossa fé. A cura interior não basta. Temos de curar este nosso mundo. A prática espiritual não basta. Temos de ter coragem espiritual para fazer face à injustiça.

Passemos da caridade com respeito aos que têm fome no mundo para a mudança das condições que criam essa fome; troquemos o horror diante do tráfico de meninas no comércio do sexo internacional pela ação que visa dar-lhe um fim; deixemos de lado a compaixão pelos pobres do mundo para mudar efetivamente nosso sistema econômico global.

Juntos criemos um mundo em que o amor se manifesta por meio da política e da economia baseada no cuidado, onde o zelo é a obra mais valorizada e recompensada, onde todas as crianças estão a salvo da violência em suas famílias e na comunidade. Livremos nossa Mãe Terra dos que pretendem se apoderar da natureza e espoliá-la. Lembremos que todos partilhamos o DNA de uma Eva que viveu na África milhões de anos atrás. Tratemos uns aos outros do modo como somos: irmãs e irmãos no milagre e no mistério a que chamamos vida.

Riane Eisler
Autora, presidente do The Center for
Partnership Studies, Califórnia

* * *

O verdadeiro desenvolvimento dos seres humanos envolve muito mais do que o simples crescimento econômico. Em seu cerne, deve haver certo sentido de fortalecimento e de satisfação interior. Só isso haverá de garantir que os valores humanos e culturais continuem a ser o destaque num mundo em que a liderança política é amiúde sinônimo de tirania e a norma de uma elite estreita. A participação das pessoas na transformação social e política é o problema central da nossa época. Isso só se pode realizar por meio do estabelecimento das sociedades que colocam a dignidade humana acima do poder e a liberdade acima do controle. Nesse paradigma, o desenvolvimento requer democracia, o fortalecimento genuíno das pessoas. O desafio que ora deparamos é o de as nações e os povos do mundo chegarem a um acordo sobre um conjunto fundamental de valores humanos, que servirá como força unificadora no desenvolvimento de uma comunidade global genuína.

Aung San Suu Kyi
Líder democrático e ganhador
do Prêmio Nobel da Paz,
Birmânia

* * *

Eu gostaria de apenas uma coisa para o próximo milênio: democracia. A das pessoas, pelas pessoas e para elas. A democracia de participação, direta, forte. Porque a democracia fortalece, e o fortalecimento confere os meios pelos quais podemos parar de ansiar por nossos objetivos e realizá-los — por nós mesmos. Porque a democracia é a condição sob a qual a liberdade pode ser assegurada sem agravo à justiça. Porque a democracia é o meio pelo qual a justiça pode ser evocada sem que se corrompa a liberdade.

A democracia pela qual anseio não é uma constituição particular; tampouco um tipo singular de governo: é um modo de viver, de ser. Um modo de estarmos juntos, sem renunciar à liberdade; um modo de preservar a solidão sem renunciar à cooperação; um meio de reconhecer o conflito sem provocar a guerra.

A democracia não versa sobre eleger os que devem nos governar; versa sobre governarmos a nós mesmos. A democracia não é um destino, mas uma viagem; é um processo em vez de um fim. Mais do que falar bem, ela significa saber como ouvir bem. Implica que falamos entre nós mesmos e não só a líderes nem a seguidores. Ela depende da imaginação: a capacidade de ver fundo nos outros, além da cor, do sotaque e da nacionalidade.

A democracia deve ser conquistada — e depois reconquistada; e de novo possuída e repossuída, gerações a fio. Não se recebe de graça a liberdade; ela deve ser tomada.

Digo que a democracia é o primeiro princípio da humanidade porque ela é o princípio pelo qual nosso gênero se torna humano.

Afirmo que ela é a derradeira e máxima esperança no novo milênio, como foi no milênio que acaba de passar.

Digo democracia. Com Walt Whitman e Jean-Jacques Rousseau, com Thomas Jefferson e Nelson Mandela, com Paul Robeson e Mohandas Gandhi e Susan B. Anthony, com Frederick Douglass e o bravio John Brown, eu digo, agora, democracia.

Benjamin R. Barber
Diretor de The Walt Whitman Center for the Culture and Politics of Democracy, Rutgers University, Nova Jersey

* * *

Um conflito enorme entre palavras e atos predomina atualmente: todos falam sobre liberdade, democracia, justiça, direitos humanos... sobre paz e sobre salvar o mundo do apocalipse nuclear; e ao mesmo tempo, cada um, mais ou menos, consciente ou inconscientemente, presta serviço aos valores e ideais só no grau necessário para satisfazer-se a si mesmo e a seus interesses "mundanos", pessoais, os interesses de um grupo, o interesse do poder, da propriedade, do Estado ou das altas esferas do poder... Assim, aparentemente, as estruturas do poder não têm outra opção senão afundar cada vez mais nesse turbilhão vicioso, e as pessoas de hoje aparentemente não têm outra opção a não ser aguardar de braços cruzados até que a inibição final decaia?... A responsabilidade não pode ser pregada, só pode ser gerada, e o único lugar possível para começar é com nós mesmos...

Václav Havel
Presidente, República Tcheca, poeta e dramaturgo

* * *

Se tudo estiver bem
A polícia
   presa de um tédio total
    voltará para casa
As fronteiras desaparecerão
Até as fábricas de brinquedo
vão parar de fazer armas

Reflexões sobre Política, Economia e Moral

Se tudo estiver bem
não haverá mais Primeiro-Ministro
    nem Presidente
nem Salvador da Democracia
nem Rei
    nem Imperador
        nem Tirano

Se tudo estiver bem
eles vão parar
    de tentar nos convencer
com lorotas.

Se tudo estiver bem
Aiatolás
    Grandes Lamas
        Papas
consentirão que Deus
de novo seja humano
        delfim
            extraterrestre
cedro e gaivota
    erva e estrela
mar
    montanha
           inseto
           cão
           e gato.

Se tudo estiver bem
    se tudo estiver bem
enquanto a hora da nova
    não chega
nem o buraco negro

Reflexões sobre Política, Economia e Moral

absorve os nossos sonhos
vamos pegar os nossos filhos pela mão
para que eles se sintam
   protegidos pela nossa gentileza.
Partilharemos nossos jogos
Nos entregaremos a nossos beijos
Darei risadas
   Cantarei
Lamentarei as disputas no trabalho
Contarei os cabelos brancos
e até o final
   vou me regozijar
na aventura
da sensação
   da emoção
      e do pensamento.

Se tudo estiver bem
   Se tudo estiver bem

Se tudo estiver bem.

Juan Antillon Montealegre, Poeta, Costa Rica
Traduzido para o inglês por Joseph Richey

* * *

Do século mais perturbado do milênio mais sangrento dos quatro milhões de anos da história da humanidade veio à luz um novo despertar, uma nova busca pelo nosso lugar na jornada evolutiva da vida sobre a Terra. Por dois séculos, nossa civilização tem-se empenhado em aperfeiçoar a tecnologia, a economia e a cultura da dominação. Que os séculos vindouros possam mostrar uma consciência maior de nosso verdadeiro envolvimento na teia da vida. Que nós possamos inverter os modelos de dominação e aprender a incorporar a cooperação e a harmonia em nossa cidade, em nossa vizinhança e na comunidade do mundo.

Nas décadas finais do século XX, aprendemos a ouvir as vozes dos que falam em favor das florestas, dos rios e dos oceanos. Damos ouvidos a nossos vizinhos, que estão resistindo à contaminação tóxica e buscando a justiça ambiental. Estamos aprendendo histórias dos homens que abraçam árvores na Índia, dos defensores nativos das florestas tropicais e dos rebeldes maias do sul do México, que apresentam um chamado de alerta urgente e uma mensagem de esperança que ressoa. Trata-se de uma esperança por uma nova revolução em nossa sociedade, em nossa relação de uns com os outros e com toda a vida: uma revolução branda mas inflexível, realista e a um só tempo utópica; uma revolução que abraça nossa dependência mútua e celebra a nossa criatividade. Levantemos as vozes. Brademos a todos os que amam a Terra em torno do globo e tornemo-nos uma só voz para a cooperação que cura e para um futuro de mais paz e piedade.

Brian Tokar
Autor e educador, Institute for Social Ecology, Vermont

* * *

Assim como a servidão, a escravidão, o colonialismo e o *apartheid*, assim também terão fim a globalização nociva, as ameaças à biodiversidade, a dívida dos países pobres para com os países ricos e a corrupção legitimada, dando lugar ao governo responsável e sensível ao povo e a todas as outras formas de vida. Males como esses violam os direitos fundamentais à vida em nosso planeta e, portanto, haverão de ser desafiados e derrotados pelos líderes de visão e pelos povos de todas as nações determinadas a dar esperança agora e no futuro.

Wangari Maathai
Líder do Women's Green Belt Movemente, Quênia

* * *

O consumismo da parte das camadas ricas do mundo é quase tão responsável pela crise da Terra quanto as taxas de natalidade crescentes. Um bilhão de pessoas vivem num luxo sem precedentes em qualquer era anterior. Vinte por cento das pessoas consomem 80% dos recursos da Terra. Elas constituem a classe consumidora do mundo, os que guiam carros, consomem carne — a sociedade da propaganda. O apoio ao estilo de vida rico dos mais abastados do mundo tem sido a força propulsora para os agravos cometidos à base de recursos da Terra. Por causa do consumo excessivo, chegamos à beira dos limites da economia global, e nosso apetite incontrolável de consumo ameaça anular os melhores esforços para impedir o declínio do ambiente.

Susan J. Clark
Ativista ambiental, Estado de Washington

Uma economia sustentável representa apenas uma ordem social superior — uma ordem tão envolvida com as gerações futuras quanto com a geração atual, e mais concentrada na saúde do planeta e dos pobres do que na aquisição de bens materiais e no poderio militar. Enquanto se trata de um empreendimento inteiramente novo, com muitas incertezas, essa ordem apresenta muito menos riscos do que dar prosseguimento aos negócios como de costume.

Sandra Postel e Christopher Flavin
Worldwatch Institute, Washington, D.C.

* * *

Abram todas as unidades de armazenamento
Abram as portas da segunda casa que vocês tiverem
Distribuam as jóias que estiverem no cofre
Derrubem as cercas para que qualquer um passe
Queimem os títulos do seu passado
Tragam a natureza para o seu quintal
    e plantem árvores no túmulo dos mortos
Joguem fora os relógios
    tenham o tempo que precisarem,
Espalhem as riquezas registradas
    nos livros-razão dos bancos distantes
Lavem os olhos com água e olhem de novo
Plantem a semente do seu sonho,
    do seu coração, do seu carinho.
Que o seu quintal seja para vocês um jardim,
    e para mim, e para todos os seres.

Gigi Coyle
Co-diretora, Ojai Foundation, Califórnia

Reflexões sobre Política, Economia e Moral

Que os rios da fartura
não sejam prejudicados, mas fluam
livres pela Terra.
Que as dádivas sempre passem
a um número de mãos maior até
que todas as pessoas conheçam
a abundância da vida.

Marion Rockefeller Weber
The Flow Fun Circle, Califórnia

* * *

O século XX começou tarde e terminou cedo. Quando o Capital Mundial englobou o mundo dez anos atrás, o milênio já havia nascido.

Cada relacionamento humano se reduziu à cobiça e à troca, o humano medido pelo dinheiro; a mídia global passa a ser a nossa Imaginação.

Uma oração para o terceiro milênio? Pelos Sete Olhos de Alá, rezo para a derrocada do Capital Mundial — pela destruição do racionalismo pseudo-iluminista da mesmice e da separação.

Rezo por uma cultura de insurreição e aliada da diferença e da presença — pela resistência nativa, regional, anti-hegemônica, molecular — e por um zapatismo urbano.

A história não começará de novo na Internet mas na inspiração para imaginar as liberdades empíricas. *Tierra y Libertad!*

Amem a Verdade, a Paz, a Liberdade & a Justiça.

Peter Lamborn Wilson
Autor, Igreja ortodoxa mourisca da América, Nova York

Reflexões sobre Política, Economia e Moral

Nascidas num século de guerra e injustiça, as Nações Unidas são a melhor esperança da humanidade por um futuro de paz e justiça.

Pela primeira vez nos anais da história, as nações do mundo se associam para a paz. As Nações Unidas representam uma esperança da humanidade quanto a um mundo não só em paz, mas com a promessa de uma vida melhor para os povos e de um futuro com liberdade e igualdade.

As Nações Unidas só podem ter eficácia se os povos em todos os lugares lhes derem apoio. No século passado, criamos os instrumentos para a comunicação global instantânea, bem como armas para a destruição global instantânea. Agora temos os meios de realçar os sonhos da humanidade quanto a um mundo melhor. Uma comunidade global eficaz — do modo como é representada pelas Nações Unidas — pode ser o legado da nossa geração.

Agora podemos compreender que a isenção que uma nação possa ter quanto ao medo, à carência e ao sofrimento está ligada inextricavelmente à isenção quanto ao medo, à carência e ao sofrimento para todas as nações.

Atualmente, enquanto entramos num novo milênio, possamos entender mais do que nunca o que significa dar apoio a nossos irmãos e irmãs.

Irving Sarnoff
Friends of the United Nations, Califórnia

* * *

O fascínio das pessoas pelo naufrágio do *Titanic* pode ser atribuído ao seu poder como uma metáfora de nosso mundo moderno industrial — a arrogância da riqueza e do poderio, o desrespeito grosseiro pela vida humana e pelo mundo natural, e a constante negação de que algum desastre possa ocorrer conosco.

Os cristãos não estão livres desses pecados. Semelhante cegueira, ignorância e alienação — a de que as congregações cristãs testemunhem a dessacralização da natureza por meio do envenenamento da atmosfera, da degradação do solo e da água, do desmatamento e da extinção das espécies — até agora pouco receberam uma voz de protesto!

A crise ambiental é uma crise do espírito. Os cientistas e os teólogos estão-nos dizendo que nossa intendência da Terra, e a visão de mundo sobre que ela se baseia, precisam mudar se quisermos reverter a deterioração que temos infligido ao planeta. Requer-se uma revolução espiritual premente. A igreja cristã pode contribuir com dádivas únicas — a saber, a história bíblica e os rituais que reforçam a responsabilidade humana no cuidado com a Terra. Como lemos em João 3:16, "Deus assim amou o mundo...", a salvação de Deus se estende a todo o cosmos.

Jesus Cristo, nosso salvador, guia e mentor, nos diz para nos arrependermos, para amarmos a Deus e ao nosso próximo. A Igreja agora precisa expandir o conceito de próximo para incluir nele toda a criação. Assim como encontramos Cristo no nosso próximo, encontramos Cristo em cada parte da criação. Entender a história humana no contexto da história espiritual e física do universo é o primeiro passo para o arrependimento — uma aceitação humilde de uma visão de mundo capaz de curar.

Rev. Finley Schaef e Elizabeth Dyson
North American Coalition for
Christianity and Ecology, Nova York

O fio dourado da compreensão espiritual, que une todas as grandes tradições religiosas do mundo, precisa ser fortalecido, de modo que, ao entrar no novo milênio, possamos abandonar o fardo do fanatismo, do fundamentalismo e da intolerância que tão cruelmente desvirtuaram o século XX, e entrar numa nova dimensão do ser humano integrado numa sociedade global harmoniosa.

Os Vedas, as escrituras mais antigas da raça humana, ensinam que este cosmos inteiro acha-se permeado do poder divino, e que cada ser humano traz em si uma centelha da divindade. Avivar essa centelha numa chama cintilante de compreensão espiritual é uma das metas fundamentais da existência humana. A outra equivale a trabalhar para o bem-estar de todos os seres — humanos ou não-humanos. Temos de elevar o nível da consciência humana para compreender as infinitas potencialidades criativas da mente e do espírito do homem.

Karan Singh
Membro do Parlamento, Índia

* * *

O desafio do novo milênio é reunir o secular e o sagrado, o mundo interior do espírito com o mundo exterior do serviço. Com a própria sobrevivência dos povos e do planeta em risco, ouvimos o chamado para uma integração consciente do espírito em todos os aspectos da nossa vida. A saúde da nossa civilização depende continuamente do estímulo à integridade e da liberdade espiritual dos seus cidadãos. Não podemos nos ocupar dos problemas maiores de nossa sociedade sem a um só tempo dar liberdade à nossa vida interior.

Talvez, à medida que voltarmos a refletir sobre este século, compreenderemos que não basta querer fazer o bem. Não basta convencer as nossas nações a fazer o bem. Temos de aprender muito sobre a sabedoria que envolve fazer o bem.

Que entremos nessa era com a esperança de que, quando virmos claramente, descobriremos o que as grandes tradições espirituais têm ensinado durante séculos; simplesmente que, à proporção que aumentamos nossa capacidade interior para a integridade e a liberdade, fortalecemos nossa capacidade exterior de amar e servir.

Rezemos para viver de acordo com o nosso coração. Rezemos para que estimulemos o que a antiga tradição hassídica define como aurora — o fato de olharmos para os olhos de um outro ser humano e termos luz o bastante para nos vermos a nós mesmos, além de já termos despertado, termos penetrado o momento vivo da piedade em que a noite termina e o dia começa.

Robert Lehman
The Fetzer Institute, Michigan

* * *

Vamos admitir: nossa vã tentativa de criar uma civilização gloriosa ignorando — até negando — Deus, fracassou miseravelmente. O século XX — o século mais secular de todos — também foi o mais violento da história humana. À proporção que este século chega ao fim, a globalização veloz está trazendo à luz algumas das iniqüidades e injustiças que dividem a humanidade. É coisa notória que, na política e na economia, bem como na cultura e nas relações sociais, as considerações morais tenham pouco peso e valor.

Eis por que, no final do milênio, nossa maior necessidade é nos lembrarmos de Deus. A lembrança de Deus não é nenhuma desculpa fanática para uma volta a dogmas religiosos inflexíveis. Lembrarmo-nos de Deus é apoiarmos a justiça; pois a justiça, diz-nos o Corão, foi a missão de todos os profetas. Lembrarmo-nos de Deus é empenharmo-nos em favor da paz; é amparar a liberdade; é assegurar a igualdade dos seres humanos. Lembrarmo-nos de Deus é a expressão da piedade e da gentileza em nossa vida diária.

Lembrarmo-nos de Deus, em suma, é realizarmos nosso papel na condição de depositários de Deus. Ao cumprir essa função, estamos na verdade nos lembrando a nós mesmos de quem somos, do porquê de estarmos aqui e do que existe além desta vida efêmera. Não pode haver lembrete melhor para a humanidade enquanto entramos no terceiro milênio.

Chandra Muzaffar
Presidente, International Movement for a Just World, Malásia

* * *

Acredito que, enquanto nos postamos no limiar do terceiro milênio, vemos sinais do despertar da humanidade no que concerne à história de um universo na forma de relógio posto para funcionar pelo seu Criador até parar pelo fato de a corda ter acabado. Esse conto de horror nos fez acreditar que a vida é um acidente e a consciência uma ilusão.

Ele nos fez esquecer a história de amor de um cosmos vivo e em luta para se conhecer a si mesmo por meio de um processo eterno de transcendência rumo a níveis de complexidade e de consciência cada vez mais elevados. Agora despertamos de novo para a verdade de que a vida faz parte da criação e de que a consciência faz parte do objetivo da criação. Isso, por sua vez, desperta-nos para a possibilidade da vida inteligente e consciente de si mesma, e da criação de novas formas de organização social fundamentadas em nossa capacidade de cooperação e compaixão nos serviços prestados de um modo geral.

David C. Korten
Presidente, The Positive Futures Network, Estado de Washington

* * *

Costumávamos rezar por vinho, por farinha, por óleo.
Tínhamos consciência do quinhão:
Nós Lhe rendíamos graças e pedíamos o que nos faltava.
Esperávamos a Sua chegada.

Ainda preciso de vinho, de farinha (processada e não-processada), de óleo (de oliva e de canola),
Mas eu não os peço (o mercado fica nesta rua, e eu dirijo).

Isso não quer dizer que você está livre.
A meu ver, o quinhão permanece:

Eu dar graças a Ti, pedir o que não posso ter sozinho.
Amor, saúde, proteção, amor.

Mi-ma'ahmakim, kir-ticha Yah
Do mais fundo de mim brado a Ti:

Dá-me a coragem de clamar a Ti por aquilo que preciso:
Que estejas pronto para me ouvir.

Vanessa L. Ochs
Membro Sênior, National Jewish Center for
Learning and Leadership, Nova York

* * *

Estive presente a milhares de encontros no correr dos anos. Muitos lhes conferem um caráter sombrio. E há uma razão. Tipicamente, essas reuniões se concentram nas situações adversas, por vezes muito adversas, e nos problemas — problemas *difíceis*, isto é, problemas estruturais, problemas de longo prazo, de modo que não serão fáceis de resolver. Você pode resolvê-los aos poucos, mas eles vão ser realmente difíceis de resolver de um modo drástico.

Obviamente, faz sentido concentrar-se nos problemas que estão à frente, e não nas realizações que por fim foram alcançadas; mas isso pode levar a um tipo de desespero paralisante de que "não há esperança para as coisas, então, por que se preocupar com tentar algo?" Isso é moralmente falso, e também analiticamente falso, além de historicamente falso.

Se olharmos para a história, até mesmo a história recente, veremos que de fato há progresso. O mundo é um lugar melhor do que foi há alguns anos. Há vitórias, e elas são cumulativas. E há também retrocessos. Assim, não se trata de progresso estrito em todos os sentidos; existem inúmeras derrotas e períodos de regressão. No momento, acontece-nos passar por um período de regressão, que não é de modo nenhum o primeiro.

Entretanto, no decorrer do tempo, o ciclo que tenho em mente é, de modo claro e em geral, para cima. E ele não se dá por meio de leis da natureza. Não ocorre mediante leis sociais (admitindo que haja alguma; isso não é sempre muito óbvio). Ele ocorre como conseqüência do trabalho duro por parte de pessoas dedicadas, que estão dispostas a encarar os problemas com honestidade, a tentar figurar sobre o que eles são, a encará-los sem ilusões e a ir trabalhar resolvendo-os aos poucos, sem nenhuma garantia de sucesso — de fato, com certa necessidade de bastante tolerância quanto a fracassar ao longo do percurso e quanto a um sem-número de decepções.

Noam Chomsky
Comentarista político, autor, Massachusetts

* * *

O preâmbulo para a Constituição dos Estados Unidos declara que um dos objetivos desse documento é assegurar "as bênçãos da liberdade, a nós mesmos e à nossa posteridade". Será que essas bênçãos não deveriam incluir ar apropriado para respirar, água decente para beber e a terra tão bela para os nossos descendentes quanto o foi para nossos ancestrais?

Precisamos de uma Emenda de Sétima Geração para a Constituição dos Estados Unidos, a fim de resguardar nossos direitos de propriedade comum e de assegurar essas bênçãos a nós mesmos e aos que virão depois de nós.

Os recursos de propriedade comum constituem os que não pertencem ou não podem pertencer nem a um indivíduo nem a uma corporação, mas são do domínio de todas as pessoas. Essas "bênçãos da liberdade" deveriam ser usadas ou usufruídas apenas de maneiras que não impedissem o direito dos outros — incluindo as gerações futuras — de usá-las ou usufruí-las. Isso talvez esteja mais bem expresso na máxima da Confederação Iroquesa: "Em nossa própria deliberação, temos de considerar o impacto de nossas decisões sobre as próximas sete gerações."

Os direitos que todos os povos têm de usar e usufruir o ar, a água e terras comuns são essenciais para a vida, para a liberdade e para a busca da felicidade. Esses direitos humanos fundamentais têm sido prejudicados pelos que despejam substâncias tóxicas no ar ou na água, e pelos que extraem recursos das terras públicas sem se preocupar muito com os cidadãos e com as gerações futuras criadas por Deus. A ação dessas pessoas põe em perigo a nossa vida, a nossa liberdade e a nossa capacidade de procurar a felicidade. Essas ações devem ser reconhecidas como fundamentalmente erradas nos nossos sistemas de leis, assim como o roubo ou a destruição da propriedade privada são coisas fundamentalmente erradas...

A Quinta Emenda preserva o nosso direito à propriedade privada e à proteção dessa propriedade. O sistema legal dos Estados Unidos precisa estabelecer uma clara distinção entre propriedade privada e propriedade comum. Ambas devem ser defendidas vigorosamente. Se a propriedade privada encontrou

Reflexões sobre Política, Economia e Moral

um porto seguro na Quinta Emenda, onde está a propriedade comum protegida de modo equânime?

Reza a nossa proposta de Emenda da Sétima Geração para a Constituição dos Estados Unidos: *O direito que os cidadãos dos Estados Unidos têm de usar e usufruir o ar, a água, a luz solar e outros recursos renováveis, que o Congresso determinou, são propriedade comum — tal direito não deve ser prejudicado, nem semelhante uso deve prejudicar o acesso a esses recursos no que concerne ao uso que deles farão as gerações futuras.*

Os que elaboraram a Constituição não poderiam ter imaginado os Estados Unidos do modo como eles se encontram no milênio. Se não pensarmos nas gerações futuras, poderá não haver Estados Unidos para se imaginar.

Winona LaDuke
Mississippi Band Anishinabe, Honor the Earth, Minnesota

* * *

Irmãos, agora voltamos o olhar para o futuro e continuamos a desejar-lhes bem no seu empenho como nação. Talvez lhes seja propício recordar nossos princípios de paz, justiça e igualdade, para apertarmos firmemente as mãos no reconhecimento de nossa longa associação e para atentarmos aos tratados que foram feitos há tanto tempo — a fim de que esses tratados possam vicejar para os que virão depois de nós à proporção que seguimos na longa jornada para a eternidade e continuamos nossa associação na forma de governo para governo.

Chefe Oren Lyons
"Discurso ao Senado dos Estados Unidos",
Nação Iroquesa, Nova York

Obrigado, Deus, por me deixar viver este momento.

Que momento magnífico para a renovação daquilo que é melhor em toda a humanidade! Que bênção é estar vivo quando os povos do mundo, a cada momento, se permitem ligar-se de novo às verdades espirituais mais profundas que conhecemos, E nos permitem sentir nossa mútua dependência e nossa necessidade de amor e de reconhecimento de uns para com os outros, de piedade e de compreensão.

É uma glória saber que o próprio universo é permeado por um amor sem fim, que o poder máximo do universo é o Poder da Cura e da Transformação, Yhwh — a força que nós, judeus, chamamos Deus ou o Eterno ou a Realidade Máxima — e que esse Poder é um poder da divindade, um poder que flui através de cada um de nós e torna possível nossa função como agentes da cura e transformadores do planeta, em parceria com o Transformador Máximo.

No entanto, não posso estar aqui neste momento sem reconhecer que as celebrações espirituais, e até as articulações das visões gloriosas de transformação, por vezes são usadas como meios de evitar o verdadeiro sofrimento no mundo, e como meios pelos quais contribuímos com esse sofrimento. O risco da celebração, que ao mesmo tempo não busca conter o poder das corporações multinacionais, ou que não desafia o etos do materialismo e do egoísmo, que são as conseqüências inevitáveis da lógica do mercado competitivo internacional, é que essa celebração possa nos firmar no caminho do comodismo narcisista em que nossas referências formais aos pobres substituem a real luta social para eliminar a pobreza, a condição de semteto, a fome e a doença. Rejeitemos o cinismo sobre a possibilidade de criar um tipo muito diferente de mundo — um mundo em que o comportamento ético e espiritual passam a ser a regra. Concordemos em que, nos próximos anos, insistiremos numa "nova linha de base" do amor, da solidariedade e da sensibilidade espiritual, para que cada instituição e prática social seja considerada "produtiva" na medida em que aumenta a nossa capacidade de sermos pessoas que amam, conservam e que são ética, espiritual e ecologicamente vivas e conscientes.

Assim, numa reação alegre à glória deste universo, humilhados pela nossa responsabilidade de salvá-lo da destruição ecológica e da degradação moral e espiritual, e perdoando uns aos outros pelas inúmeras formas com que fracassamos em preservar esse universo adequadamente, entramos nesse período afirmando a bondade, a esperança e a possibilidade, afirmando o prazer, a própria vida e nosso compromisso de sermos parceiros de Deus na *Tikkun*, a cura e a transformação do universo.

Rabino Michael Lerner
Editor, Revista Tikkun, Califórnia

* * *

Acreditamos que a Vida é o bem mais precioso.
Acreditamos que devemos mobilizar todas as forças contra o poder da morte.
Acreditamos que a compreensão mútua nos levará à cooperação mútua; e essa cooperação mútua levará à paz; e essa paz é o caminho para a sobrevivência da humanidade.
Acreditamos que as fontes naturais devem ser preservadas, não esgotadas; elas são a herança de nossos filhos.
Acreditamos que a poluição do ar, da água e da terra devem parar; essas coisas são as necessidades fundamentais da vida.

Acreditamos que a vida vegetal deve ser preservada: ervas que apareceram há cinqüenta milhões de anos; árvores majestosas, datando de vinte milhões de anos; é preciso preparar nosso planeta para a vida humana.

Acreditamos que nossa fonte de subsistência deva ser fresca, pura, natural, sem produtos químicos nem processos artificiais.

Acreditamos na vida simples, natural, criativa, absorvendo todas as fontes de energia, toda harmonia e consciência.

Acreditamos que melhorar a vida humana no planeta começa com iniciativas individuais; cada um faz parte do todo, e é possível dizer que cada parte contém o todo.

Acreditamos no Deus Pai, na Mãe Natureza e na Família Humana.

Miguel Grinberg
Poeta, jornalista e ecologista,
ganhador do Global 500 Award, Argentina
Traduzido para o inglês por Joseph Richey

* * *

Como uma nação, possamos ser guiados pelo Divino para redescobrir a chama sagrada de nossa herança nacional, para cuja salvaguarda tantos deram a vida.

Que as chagas da separação e da divisão sejam curadas com o coração dispondo-se a ouvir a verdade de todos os lados, e nos permitindo descobrir uma verdade superior que nos inclua a todos.

Possamos aprender a respeitar e a usufruir nossa diversidade e nossas diferenças como um povo, à proporção que tocamos mais profundamente nossa unidade fundamental.

Possamos, como povo, passar por uma transformação que levará as pessoas que encarnam a coragem, a piedade e uma visão superior à liderança de nossa nação.

Possam nossos líderes nos inspirar, e possamos assim inspirar uns aos outros com o nosso potencial, a fim de que um novo espírito de perdão, zelo e honestidade tenha origem em nossa nação.

Possamos nós, como um povo unido, agir com um propósito claro e direto quanto a ocupar nosso lugar na comunidade das nações e a ajudar a construir um futuro melhor para toda a humanidade.

Possamos nós, como nação, nos dedicarmos de novo a viver verdadeiramente como uma nação, sob o comando de Deus — uma nação indivisível, com liberdade e justiça para todos.

Corinne McLaughlin e Gordon Davidson
The Center for Visionary Leadership, Washington, D.C.

Parte 9

PARÁBOLAS do
NOSSO TEMPO

As histórias conservam, em suas camadas narrativas, o conhecimento sedimentado que foi acumulado por nossos progenitores.

DAVID ABRAM

Existe uma história contada por Wendell Berry, fazendeiro-poeta, de uma velha caçamba que estivera a pender de uma estaca próximo de sua fazenda durante mais ou menos cinqüenta anos. Ele se lembra de ter ouvido uma história sobre ela quando era menino. Essa história versava sobre como os negros que eram empregados na fazenda de seu avô tinham procurado algo em que pudessem cozinhar os ovos durante o almoço. Encontraram e usaram uma caçamba que antes contivera alcatrão, e um dos ovos ficou preto ao ser cozido. Os homens riram muito sobre quem comeria o ovo "preto" — assim a história foi contada. Quando Berry tomou conhecimento da antiga caçamba sobre a estaca quando ele se tornou adulto, a caçamba ainda mostrava manchas secas de alcatrão por dentro.

A caçamba também conservou o acúmulo de meio século de folhas, insetos e fezes de aves e ratos, coisas que — através do que Berry chama de "o trabalho principal do mundo" — produziram vários centímetros de húmus no fundo dela. Esse processo essencial de produção do solo tem estado em atividade por milênios sem conta sobre a maior parte da superfície da terra no mundo. Sem ele, haveríamos de perecer. Berry tira uma lição dessa parábola simples: a exemplo da caçamba, "uma comunidade humana também deve coletar folhas e histórias e transformá-las em relatos. Ela deve construir o solo e construir essa lembrança de si mesma — no folclore, nas his-

Parábolas do Nosso Tempo

tórias e nas canções — que será a sua cultura... uma comunidade humana, se quiser durar bastante, terá de exercer um tipo de força centrípeta, conservando o solo local e a memória local no lugar apropriado. Em termos de prática, a sociedade humana não tem obra mais importante do que essa para fazer".

Esta seção de histórias é como essa caçamba — uma pequena parte da obra imensa do mundo para lembrar e restaurar o solo coletivo do nosso ser. Evidentemente, a caçamba de Berry também conserva solo real e não apenas histórias, e sua ênfase sobre a obra da comunidade local quanto a cultivar o seu solo local, bem como a sua memória, é crucial.

Repetimos aqui a história de Berry para que possamos entender a parábola da caçamba em termos da dádiva da história para a evolução da identidade da comunidade humana. Enquanto as histórias em toda parte advêm de lugares específicos e de tradições, no contexto dessa "caçamba" — a Parte 9 — as histórias aqui se ocupam também da "comunidade translocal" da nossa espécie — o reconhecimento cada vez maior em diversas culturas do que constitui os laços de parentesco da família humana. Essas historinhas e parábolas são representativas da combinação que se acumula dos contos que propagam nossas diversas identidades como pessoas de certo lugar e de certo pano de fundo para incluir nossa identidade comum como filhos da mesma terra. Isso não quer dizer que a diversidade de culturas deva combinar-se numa só, passando a ser um tipo de mingau cultural global; semelhante projeto seria aborrecido. A diversidade específica de lugar e específica de cultura destas e de todas as boas histórias é a fonte de sua autenticidade e poder. O que nos sensibiliza aqui é a inclusão franca do que poderíamos chamar o "outro" no sentido que temos de quem somos. Uma passagem da história do rabino Rami Shapiro exemplifica isso bem:

E Deus ficou triste com as falsas divisões. Assim, Deus convocou todo o seu povo e o pôs num grande vale. Deus chamou cada pessoa para que se postasse diante de um espelho divino em que cada pessoa não via refletida a sua imagem, mas a imagem de todos os demais.

Evidentemente, na nossa época, o tema dos laços de parentesco da humanidade não é novo; provavelmente, é tão antigo quanto o ato de contar histórias. À proporção que uma geração se segue a outra, os guias espirituais, profetas e mestres de nossos ancestrais têm honrado esses laços de parentesco mais profundos que nos unem além dos vínculos imediatos da nossa tribo. E provavelmente necessitaremos sempre ser lembrados deles, dada a nossa tendência de desconfiar dos que parecem diferentes de nós. Com o passar dos milênios, lembretes como esses têm passado de povo a povo e de geração a geração, acumulando-se aos poucos, como o húmus escuro naquela caçamba, a crença fecunda em nossa humanidade comum.

* * *

Em maio de 1982, durante o cerco de Sarajevo, uma granada explodiu às 16 horas do lado de fora de uma padaria na cidade, onde uma fila grande de pessoas tinha-se formado para comprar pão. Vinte e duas pessoas morreram e centenas ficaram feridas na explosão.

Contudo, apesar do perigo, no dia seguinte, pessoas famintas de novo fizeram fila para comprar pão, tão desesperada era a vida; no entanto, esse dia foi diferente, pois às 16 horas Vedran Smailovic, o violoncelista chefe da Ópera de Sarajevo, chegou à frente da padaria carregando uma cadeira e seu violoncelo. Trajando terno preto formal e gravata branca, ele se sentou e tocou o triste Adagio de Albinoni. E durante os 21 dias seguintes, Smailovic foi para a rua em frente da padaria e tocou o Adagio do mesmo jeito.

Esse ato apaixonado, paralelamente ao poder da música, levou esperança e determinação à cidade assediada. E desde essa época, o exemplo de Vedran Smailovic inspirou outros — em Seattle, em Washington, D.C. (durante as atividades do discurso de posse do presidente Clinton), na Catedral de São João o Divino na cidade de Nova York. Smailovic tocou o Adagio na Estátua da Liberdade, comemorando o milésimo dia do cerco de Sarajevo; apresentou-se em Belfast em 1988, antes da assinatura do acordo de paz para a Irlanda do Norte. Yo Yo Ma tocou "o Violoncelista de Sarajevo" no Festival Internacional de Violoncelo em Manchester, Inglaterra, em 1994, com Smailovic na platéia.

E assim esse ato audacioso de fé e paixão nas ruas de Sarajevo continua a nos inspirar e desafiar no que concerne a testemunhar a luz interior que não se apagará. Enquanto entramos nesse novo milênio, o violoncelista Vedran Smailovic nos inspira a viver um futuro de esperança no ser.

Richard Deats
Editor, revista Fellowship,
Fellowship of Reconciliation, Nova York

* * *

Parábolas do Nosso Tempo

Numa conferência recente, perguntei a mil pessoas,
"*Se você tivesse apenas 24 horas de vida, onde você as passaria? De que modo as passaria, e com quem (se houvesse alguém) passaria?*"

Quando li as respostas em bilhetinhos, nenhuma pessoa tinha dito: "Vou assistir à TV; vou ficar sentado em frente do computador; vou ficar no trânsito por horas no meu carro; vou brigar com as pessoas que não vêem as coisas como eu vejo; vou fazer compras; vou planejar como ganhar mais dinheiro." Ninguém disse: "Vou ficar em casa; só vou dormir; vou ficar preocupado com o meu cabelo e com o meu peso; não vou ser bom para mim mesmo nem para os que estão à minha volta."

Em vez disso, os milhares de bilhetinhos falavam de amar a família e os amigos, de estar nos lugares mais bonitos do mundo, de fazer a paz com todos os seres (sobretudo com os que têm sido prejudicados inutilmente), de acordar e difundir tanto quanto possível a paz, o riso, a honestidade e o ato de tocar os outros nessas últimas horas.

Dei gargalhadas e chorei e sorri enquanto lia as respostas. Compreendi então que, ao entrarmos no próximo milênio, devemos viver como se ele fosse nossas últimas 24 horas, buscando o modo mais honesto e amável a cada momento. Talvez o modo de fazer isso seja viver a regra de ouro: fazer aos outros (a todos os seres vivos) o que gostaríamos que fizessem a nós; não fazer aos outros o que não gostaríamos que fizessem a nós.

Com essa opção de amar e de cuidar das pessoas, nossas 24 horas haverão de repetir-se dia após dia, semana após semana, ano após ano, década após década.

Rae Sikora
Co-fundador, Center for Compassionate Living, Maine

Nascido na fronteira que separa a Holanda da Bélgica, eu tinha cinco anos quando, em 1914 — a meia milha da soleira da nossa porta — explodiu a Primeira Guerra Mundial. O bárbaro século XX tinha começado para valer. Se ainda estiver por aqui em 31 de dezembro de 1999, terei sobrevivido a ele inteiramente. Perplexo.

Cresci no que era uma família agnóstica ilhada no oceano de uma cultura inteiramente católica; eu era ainda muito pequeno quando vi pessoas fazerem o sinal da cruz quando um féretro passava perto. Isso me sensibilizava no fundo do coração.

Em momentos de crise, ao ser tomado do sentimento irresistível de beleza, ou de alegria, ou mesmo de pungente compaixão, eu repetia o gesto em segredo à frente do coração, debaixo de minha jaqueta. Isso passou a ser a minha única oração — sem palavras. Ela evocava a Presença, indefinida. Sua verticalidade unia o céu à terra; a linha horizontal acolhia tudo o que vive e tem de morrer — humanos, animais e árvores. O próprio rosto humano era um reflexo desse sinal: nariz vertical, olhos horizontais.

Ora, oito décadas depois, recusando para sempre chamar-me de *assim* ou *assado*, avesso ainda a toda sorte de afiliação, em momentos de funda emoção, de espanto por estar de todo aqui — como exceção ao gesto de não tomar por certo o Mistério de Existir — ocorre-me sentir a minha mão deslizando da fronte ao peito, de um ombro a outro, ainda em silêncio, sem súplica nem encantamento, sem magia — apenas a mão buscando tocar, confirmar a Presença, o Budato, o Espírito Que Habita, minha única verdadeira identidade — âmago da humanidade que partilhamos. O Sinal, tão profanado por séculos de piras funerárias, de caça às bruxas e *pogroms*, tornou-se transreligioso, o Sinal do Humano, o Sinal do Tao, que, como disse Lao-Tse, não pode ser dividido, mas deve ser partilhado.

No Ano-Novo de 2000 — se eu ainda estiver por aqui — esse Sinal Mudo será a minha oração para a sobrevivência da

Parábolas do Nosso Tempo

nossa espécie na condição de espécie ainda Humana, e a da boa terra que nos gerou.

Frederick Franck
Artista e autor, Pacem in Terris, Nova York

* * *

Há quatro anos, num fim de tarde, levei o Venerável Maha Ghosananda, reconhecido como o decano dos mestres budistas do Camboja, para tomar chá na cafeteria do saguão do Imperial Hotel de Nova Delhi.

Eu tinha conhecimento de que, no ano anterior, ele fizera parte da delegação que atravessara os portões de Auschwitz no qüinquagésimo aniversário da primeira explosão de uma bomba atômica sobre a população humana.

Eu disse: "O que está fazendo agora?"

Ele disse: "Estou tentando duramente conseguir um interdito internacional contra minas terrestres. No Camboja, a cada dia, várias pessoas são mortas ou mutiladas por pisarem em minas terrestres."

"O que eu posso fazer para ajudar?", indaguei.

Ele disse: "Você pode pedir a qualquer um que encontrar em seu caminho para assinar um abaixo-assinado contra minas terrestres." E ele meteu a mão na manga de sua túnica laranja e de lá tirou um abaixo-assinado, que passou a mim.

Que nossa disponibilidade quanto a unir nosso compromisso com um coração pacífico ao compromisso com um mundo pacífico seja tão simples quanto o gesto do monge ao tirar o abaixo-assinado da manga.

Sylvia Boorstein
Mestra budista, Spirit Rock Center, Califórnia

Parábolas do Nosso Tempo

"Você sabe o que eu penso realmente? De fato, penso que um dia o mundo será grande, acredito sinceramente que o mundo vai ser grande algum dia."

O homem que disse isso foi Cesar Chavez, trabalhador rural e negro. Cesar partilhou essa esperança surpreendente de uma evolução nos valores humanos, e faço o mesmo; trata-se da única esperança que temos.

Antes que este século termine, haverá uma evolução em nossos valores e nos valores da sociedade humana, não porque nos tornamos mais civilizados, mas porque, numa terra arruinada, não teremos outra opção. Essa evolução — na verdade, uma revolução, cuja violência dependerá da violência com que for arrostada — deve almejar uma ordem de coisas que nos trate, bem como ao nosso hábitat, com respeito.

Penso amiúde na visita que Cesar e eu fizemos à arquidiocese num dia de verão em São Francisco, e no modo com que Cesar sumiu na moderna casa de Deus, tão diferente das missões simples que ele prefere. Um elevador deve tê-lo levado rapidamente ao topo, porque momentos depois ouviu-se um baque seco e breve vindo do alto, e a silhueta de Cesar surgiu por trás das vidraças, acenando e fazendo sinais a partir do mutismo do sol e do vidro como um homem apanhado contra a vontade no Paraíso. Sua dança de pesar foi uma pantomima do destino do homem, e esse gesto transcendental do *clown*, esse júbilo impossível, que lhe iluminou até os momentos mais desesperados, foi o seu traço mais comovente. Meses depois, eu ainda veria essa figura humana nas janelas altas e reluzentes do século XX. As mãos, a dança, bradavam ao mundo: Esperem! Tenham fé! Olhem, olhem! Vamos! Adeus! Olá! Eu te amo!

Peter Matthiessen
Autor, Nova York

Parábolas do Nosso Tempo

Por vezes encontramos a paz e a preservamos, ou desenvolvemos uma atitude de não-violência e nos consolamos; porém, de acordo com meu avô, Mohandas Karamchand Gandhi, tudo isso é sem sentido se não o partilhamos.

Para exemplificar esse raciocínio, ele me contou uma história de um rei que governava na antiga Índia. O rei estava preocupado sobre o sentido da paz e buscava diligentemente a resposta, mas ninguém podia satisfazer-lhe a curiosidade. Uma pessoa lhe disse: "Há um sábio que mora na fronteira da cidade. Por que não pergunta a ele?"

O rei foi até o sábio e fez-lhe a pergunta eterna. O filósofo serenamente entrou na cozinha, trouxe um grão de trigo, colocou-o na palma da mão do rei e disse: "Eis a sua resposta."

O rei se viu perplexo, porém era por demais orgulhoso para demonstrar sua ignorância, de forma que, apertando o grão na palma da mão, voltou ao palácio, arranjou uma bonita caixa de ouro, colocou nela o grão e trancou-a no cofre. Toda manhã, ele abria a caixa e examinava o grão de trigo, sem perceber nenhuma mudança, nenhuma resposta.

Semanas depois, o rei explicou seu dilema a um outro sábio que estava ali em visita: "Não sei o que significa. O grão não mudou, não me forneceu nenhuma resposta à pergunta 'Qual o sentido da paz?'"

O sábio disse: "Se você conservar o grão de trigo numa caixa de ouro, ele apodrecerá e se desintegrará; mas se você o plantar e cuidar dele, o grão brotará e se multiplicará, até que você tenha todo um campo de trigo." De modo semelhante, a não ser que se permita à paz e à não-violência a ação integrada com todos os elementos apropriados, elas não haverão de ter muito sentido para ninguém.

Arun Gandhi
Fundador e diretor, M. K. Gandhi Institute for Nonviolence, Tennessee

O rabino Yerachmiel reuniu ao seu redor as crianças do povoado.

"Ouçam, crianças, ouçam. Pois um grande mistério está prestes a se revelar a vocês.

"No princípio, Deus fez um único ser humano do pó da terra. Esse era vermelho, amarelo, marrom, preto e branco, pois todos os tipos de areia da criação foram usados para dar-lhe forma. Masculino e feminino, ele era, pois Deus ainda não havia separado os sexos. E Deus disse: Este é feito à Minha Imagem, porque inclui toda a criação num só ser.

"Deus pensara que esse ser seria feliz, mas ele não foi. Era sozinho. Assim, Deus dividiu o único homem em duas partes, em feminino e masculino. E então essas duas partes se dividiram ainda mais até que a unidade da primeira pessoa se perdesse nas divisões criadas pelas muitas pessoas que se seguiram.

"E Deus ficou triste com as falsas divisões. Assim, Deus convocou todas as pessoas e as pôs num grande vale. Deus chamou cada pessoa para que se postasse diante de um espelho divino em que cada um não via refletida a sua imagem, mas a imagem de todos os demais.

"Muitas pessoas ficaram assustadas com o estranho espelho, e fugiram para se esconder; mas outros entenderam que Deus as estava lembrando de sua unidade. E essas pessoas se impuseram uma grande tarefa: ajudar cada uma delas a ver todo o mundo refletido em cada rosto. Deus as ajudou. Deus tomou o grande espelho e fez milhões e milhões de espelhos pequeninos. Deus colocou esses espelhos pequeninos diante dos olhos de cada ser humano, até mesmo dos seus e dos meus,

Parábolas do Nosso Tempo

para que, se olharmos para os olhos dos outros, vejamos neles o reflexo de todo o mundo e Daquele que o criou.

"Vocês são os filhos desses poucos que ousam, e é hora de vocês tocarem com seu trabalho: aprender a olhar dentro dos olhos de outra pessoa e a ver todo o mundo e Aquele a partir de Quem o mundo emana. Se fracassarem, se virem apenas a si mesmos refletidos no espelho de Deus, a mentira que viverão ateará fogo ao mundo, até que ele se torne brasa. Todo o mundo os espera, meus filhos. Vocês precisam ver a verdade e proclamá-la. Precisam abrir os olhos e ver."

E as crianças olharam-se, assombradas. Algumas viram e sorriram. Algumas viram e choraram. Outras não puderam ver; mas todas com firmeza apertaram-se as mãos umas às outras, e Deus soltou um grande suspiro de esperança.

Rabino Rami M. Shapiro
Flórida

* * *

Há uma linguagem muito mais antiga e profunda que as palavras. É a linguagem dos corpos, do corpo sobre o corpo, do vento sobre a neve, da chuva sobre as árvores, da onda sobre a pedra. É a linguagem do sonho, do gesto, do símbolo e da memória. Nós esquecemos essa linguagem, e há tanto tempo, que nem sequer lembramos que ela existe. Se quisermos sobreviver, teremos de lembrá-la de novo. Teremos de reaprender como pensar como o planeta.

Lembro uma tarde fria de janeiro anos atrás, eu estava andando, minha respiração se convertia em fumaça em contato com o ar frio, e dois cães dançavam a meus pés. Na distância, eu ouvia o clamor dos gansos, então, e fiquei pasmo ao vê-los voando baixo um pouco acima da minha cabeça e formando um enorme V. Abri a boca para dizer algo — não sabia o quê— e ouvi o som de minha própria voz ecoar três vezes: "Vão com Deus!" De repente, e inexplicavelmente, entreguei-me às lágrimas. Depois, corri para dentro de casa.

Posteriormente, ao sair de casa e ao contemplar o céu limpo, compreendi que, ao falar, eu não tinha apenas desejado bem aos gansos em sua jornada para o sul, mas que eles haviam usado a minha voz e a minha respiração para desejar bem igualmente a mim, na minha jornada também difícil — essa jornada de oposição à cultura que está destruindo a vida sobre o planeta. As lágrimas — ficou claro para mim — não tinham sido nem de tristeza nem de alegria, mas da sensação de voltar para casa, como um navegante que tivesse passado muito tempo no mar e que espontaneamente cedesse ao pranto por sentir os primeiros passos ensaiados se apoiarem em terra firme, na volta ao lar.

Se quisermos sobreviver, precisamos da ajuda do planeta, assim como ele precisa da nossa ajuda. Para pôr abaixo as muralhas que tão laboriosamente erguemos para enclausurar nosso coração partido, temos de sair de nosso isolamento quanto ao resto do mundo. Existe todo um mundo esperando por nós, pronto para nos dar as boas-vindas em nossa volta à casa. Esse mundo tem sentido falta de nós de maneira tão dolorosa quanto nós lhe temos sentido a falta. É chegada a hora. Voltem. Vão com Deus.

Derrick Jensen
Ambientalista, Califórnia

Quando o Criador criou as pessoas para que fossem os antepassados dos samis, ele sabia das agruras por que seus descendentes teriam de passar — descendentes em número reduzido, espalhados por uma vasta área, vítimas da exploração, da colonização, da assimilação e da autodegradação.

O mito que ninguém algum dia ousou pôr à prova diz-nos que o Grande Criador tomou um coração vivo e pulsante de uma rena de dois anos e colocou no centro da terra, para que toda vez que nós, samis, nos sentirmos ameaçados ou com medo quanto ao futuro, apenas encostemos o ouvido no chão para ouvir as batidas do coração ecoando do fundo.

Se o coração ainda estiver batendo, há um futuro para as pessoas. O pulsar do coração da rena lá no fundo reverbera o som do tambor, levando-nos a cantar, a dançar e a nos regozijar, enquanto a rena pastar, o musgo crescer e as pessoas acreditarem que há um coração pulsando para todos no centro da terra.

Harald Gaski
Sami da Noruega

* * *

Começamos como criaturas num jardim, unidas a ele e unidas umas às outras. O casamento deu-se no céu. Não nos deixou nada para desejar, nenhuma finalidade para a vida além do vivê-la.

Outros onívoros partilharam o jardim conosco. Nenhum deles tinha um apetite como o nosso, porque nenhum tinha imaginação. Nós os engolimos. A fome da imaginação nos devorou de jardim em jardim; em caverna, cabana e cidade; na casa ancestral e no lar terreno. Só o infinito nos poderia satisfazer, de modo que inventamos a transcendência e a unidade universal. Ao longo do caminho, entramos com o pedido de divórcio. Almejávamos o céu, um objetivo além da vida.

De certa forma, chegamos lá. A fome da imaginação nos transportou ao alto e para fora, no espaço. Nós o engolimos. Sua imensidão inabitável, indiferenciada, veio habitar dentro de nós. Então, vivemos em módulos, cápsulas; respiramos um ar artificial. Nós nos diplomamos com a prática sem fim da natureza na teoria pura. Nosso corpo tornou-se uma bagagem de que não precisávamos, tablado que serviu ao seu propósito. Não havia nenhum em cima, nenhum embaixo — nenhuma gravidade, nem fricção, nem índice do tempo.

A partir daqui, no grande vazio que o desejo nos trouxe, algo desperta em nós. Será um sonho? Primeiramente, há cacos e fragmentos, um monturo desordenado, instantâneos desbotados. Aqui estão cavalos, sons de baque, deslocamento e um real na meia-luz pré-histórica de um estábulo. Aqui estão peixes, em cardume rio acima quando floresce a sorveira. Aqui estão os ritos figurados para estações, celebrações para natividades, flores para o túmulo. A imaginação se muda em memória. Anseia por finitude, por necessidade, por envelhecimento. Sua luz consagra o palpável, o comum, o recorrente.

Os namorados que ela vê, inclinando-se um sobre o outro, não são jovens, nem inocentes. A oração dela por eles é modesta porque ela também é desesperada: possam eles se reunir sem ostentação; possam cuidar da casa juntos de novo; ser corpo e alma, separados e inseparáveis uma vez mais.

Franklin Burroughs
Professor de inglês, Bowdoin College, Maine

Nós a temos interpretado erroneamente.
A história é sobre como pusemos abaixo
a natureza e continuamos tranqüilos,
não porque somos tão importantes
e nosso tiro é tão certeiro,
que o que decidimos serve para todos,
nem porque o Criador é tão f. d. p.,
que ele castiga os inocentes
pelos crimes dos culpados
se os culpados são religiosos o bastante.
Somos uma espécie desvirtuada.
Torcemos a visão do universo
ao redor de nós como uma roda dentada central.
Por meio de nossa distorção, ofendemos o Éden.
Não temos uma pista.

A complexidade assegura que os acontecimentos
e as escolhas menos importantes
influenciam tudo ao infinito —
os micróbios nas pereiras,
as abelhas que produzem mel bem como
os seres humanos.

Nossa espécie incipiente sonhou que estava
acima dos seus antepassados, além da sua nata,
o déspota da cadeira de bebê convidado a governar
os demais, e o pior: tudo isso assegurado
por um deus. Nós demos nome aos outros
e os proclamamos Outros, nós mesmos
é o que conta, nós, mais santos do que eles.

Atiramo-nos para fora do Éden.
Tendo sofrido os nossos agravos, mas vivo,

Parábolas do Nosso Tempo

ele ainda está aqui à nossa volta.
Basta que retornemos aos sentidos,
que despertemos da nossa *hubris*, nos sentemos
com as criaturas de Deus, nossos parentes,
e humildemente perguntemos por que nome cada qual
se conhece a si mesmo, e esperemos ouvir, sem negar, sem defender,
os nomes que elas estiveram preservando para nos chamar.

Quando acabar, poderemos negociar tudo
e começar de novo com o que tiver sobrado.
Então,
"No princípio..."

Rev. Alla Renée Bozarth
Poeta e padre, Wisdom House, Oregon

* * *

No princípio era a dádiva. E a dádiva estava com Deus e a dádiva era Deus. E a dádiva veio e se estabeleceu entre nós, primeiro na forma de uma bola de fogo que queimou continuamente por 750 mil anos e cozinhou em seu forno imensamente quente *hadrons* e *leptons*.

Essas dádivas alcançaram um bom grau de estabilidade — o bastante para dar à luz as primeiras criaturas atômicas, o hidrogênio e o hélio. Com um bilhão de anos de cozimento e agitação, as dádivas geraram galáxias — rodopiantes, turbilhonantes, vivas — criaram trilhões de estrelas, luzes no céu e fornalhas cósmicas que produziram mais dádivas por meio de

Parábolas do Nosso Tempo

explosões violentas de enormes supernovas brilhando claras com o fulgor de mais de um bilhão de estrelas.

Dádivas após dádivas, dádivas gerando dádivas, dádivas explodindo, dádivas implodindo, dádivas de luz, dádivas de trevas. Dádivas cósmicas e dádivas subatômicas. Tudo à deriva e remoinhando, nascendo e morrendo, em algum vasto segredo de um projeto. Que foi também uma dádiva.

Uma dessas supernovas explodiu de modo especial, enviando uma dádiva única ao universo, que criaturas do porvir um dia chamariam de Terra, seu lar. Sua biosfera foi uma dádiva, envolvendo-a com a beleza e a dignidade e com a proteção exata quanto à radiação do sol e ao frio cósmico. E a noite eterna. Este planeta abençoado foi posto como uma jóia no seu ambiente mais primoroso, na distância exata de cem milhões de milhas de sua mãe-estrela, o sol.

Novas dádivas vieram à luz, nunca vistas em tais formas no universo — pedras, oceanos, continentes, criaturas multicelulares que se deslocavam por meio de seu próprio poder interior. A vida nascera! As dádivas que haviam assumido a forma de bola de fogo e de hélio, de galáxias e estrelas, de rochas e água, agora assumiram a forma da Vida! A vida — nova dádiva do universo. Flores de múltiplas cores e aromas, árvores se erguendo para o alto. Florestas se levantaram, oferecendo lugares para toda sorte de seres que mancam, se arrastam, voam e cantam, coisas que nadam e coleiam, que correm sobre quatro patas e, depois, coisas que se postam de pé e andam sobre duas pernas. Com polegares que se movem para produzir ainda mais criatividade — mais criação de dádivas — possível.

O ser humano tornou-se uma dádiva, mas também um perigo, pois que seus poderes de criatividade eram únicos no seu potencial para a destruição ou para a cura. Como os seres humanos usariam essas dádivas? Por qual direção optariam? A Terra esperou por uma resposta a essas perguntas, e ainda está esperando, trêmula.

Parábolas do Nosso Tempo

Mestres foram enviados, encarnações de vidas nascidas do solo. Ísis e Hesíodo, Buda e Lao-Tse, Moisés e Isaías, Sara e Ester, Jesus e Paulo, Maria e Hildegarda, Chefe Seattle e a Mulher Búfalo, para que ensinassem aos seres humanos formas de compaixão — e a Terra ainda espera para ver se a humanidade foi dádiva ou maldição.

Você algum dia deu um presente e depois se lamentou por isso? A Terra se encanta e espera. Pois a dádiva tornou-se carne, habita em toda parte entre nós e tendemos a não conhecê-la. A tratá-la não como uma dádiva, mas como um objeto. Um objeto que se use, de que se abuse e calque sob os pés — algo que seja crucificado; porém, para aqueles que a recebem como dádiva, tudo é esperança. Todos serão chamados prole da dádiva, filhos e filhas da graça. Por todas as gerações.

Matthew Fox
Autor e professor, University of Creation Spirituality, Califórnia

* * *

Depois de percorrer onze milhas ao longo de caminhos de elevada pressão atmosférica na montanha, cheguei de volta ao povoado de Colares; cansado, faminto. Imediatamente, dirijo-me à padaria do local em busca de um bolo quente de *terra da pao*, o pão português da terra. A padeira tem as mãos sujas de farinha e enrola o pão no jornal. Seu cansaço tem o fermento do orgulho. Quando ela me oferece o pacotinho, o calor do pão se espalha em ondas e me aquece as mãos geladas.

Carregando essa dádiva, passo correndo pelo pelourinho de pedra medieval em que os habitantes do povoado eram publicamente escarnecidos durante a Inquisição, e além do café ao ar livre, onde os habitantes discutem veementemente a política de Portugal, até a rua de pedra arredondada que me levará para casa. Ao longo do caminho, arranco pedacinhos do pão para me fortalecer. Provo trigo, mó, chuva, sol e os rastros deixados pelos dedos da padeira que o amassaram. Provo a paixão que une fazendeiro, ceifeiro e padeiro.

Além do povoado acha-se um caminho estreito e pavimentado de lajes que meandra através dos campos de girassóis. Ainda saboreando o pão, dou a volta num carrossel de paladares da memória: pão de centeio na Rússia, pão de água e sal na Irlanda, pão sagrado em Israel, *pandesol* nas Filipinas, *oak-fired sourdough* na rue du Cherche-Midi em Paris e o bolo de pão carbonizado em frente ao forno do padeiro em Pompéia.

Torcendo a casca nos dedos, espanto-me com o mistério da massa, com o cheiro da *woodsmoke* e com o som do hino ao pão do forno.

Nessa breve curva do tempo, compreendo que, se eu não me sentir agradecido aqui e agora, jamais saberei o que o sábio poeta quis dizer quando ruminou suas palavras cuidadosamente, como se elas estivessem quentes e acabassem de sair de um forno de pedra antigo, e dissessem: gosto da realidade; ela tem gosto de pão.

Phil Cousineau
Autor, Califórnia

* * *

Aos meus tataranetos — sete gerações no futuro:

Estou escrevendo nos últimos momentos do século XX, enviando esta mensagem para o futuro a partir do meu passado. Espero que esta carta lhes chegue às mãos, e que vocês estejam bem de saúde, cercados da prodigalidade sempre concedida de nossa Mãe Terra e de toda a sua família. Vocês talvez tenham ouvido falar do meu nome à medida que a história tem sido recontada em suas casas, sobre uma época em que a voz do sagrado tambor-d'água ecoou na porta oriental após gerações de silêncio. Em meio ao tumulto e à confusão da nossa época, quando se julgou que tudo estava perdido, existiu alguém que ouviu e que não esqueceu o sonho do Criador — Bawdwaywidun, que ouviu o chamado do tambor, o qual nos levaria à era prometida da Sétima Chama. Fui aquele em cujo colo o tambor foi colocado — o tambor que abriu a porta da morada que reviveu de novo em nossa época. Envio esta mensagem desse tempo — da aurora da Sétima Chama.

Enquanto lembro meus ancestrais antes de mim, vejo que eles me conservaram em seu pensamento enquanto se empenhavam em lidar com as circunstâncias de sua época. Foi há sete gerações a contar da que estou agora, durante os dias de treva da Sexta Chama, que o grande Chefe Tecumseh reuniu o povo de muitas Nações para tentar pôr um freio à invasão sem fim de nossas terras e do nosso modo de vida. Tecumseh, e outros líderes, enviou-nos um espírito de determinação, de unidade, de amor pela terra e pelos nossos hábitos espirituais. Apartado de uma época em que tudo parecia desesperançado, ele nos deu a maior esperança — a esperança em nós mesmos e na capacidade de recuperação do espírito Anishinabe.

Parábolas do Nosso Tempo

Enquanto vocês refletem sobre o que a "história" significa para vocês, é possível que lhes seja por demais confuso o modo como nós pudemos ter abandonado quase totalmente o que nos foi concedido pelo Criador. Como pudemos ter deixado que nossa língua quase desaparecesse. Como pudemos deixar que nossas canções silenciassem e que nossas lembranças se tornassem incapazes de recordar nossas origens sagradas. Como pudemos ter trocado a profundidade e a beleza de nossas doutrinas por uma forma de vida e por uma crença tão superficiais, tão nocivas à Criação e ao espírito humano.

As boas novas que lhes envio dizem respeito ao fato de termos despertado desse sono. A voz do tambor a que chamamos de "Pequerrucho" foi ouvida e nos chamou em nossa confusão e em nosso esquecimento para que víssemos o belo futuro à nossa frente. A fumaça do tabaco, uma vez mais, transporta nossas palavras para o espírito da verdade, do amor e da paz. As canções sagradas são ouvidas de novo, e são ecoadas pelos nossos jovens e pelas nossas crianças. O conhecimento renovado das profecias ligou-nos à sucessão ininterrupta da vida das gerações de Anishinabe antes de nós. E tem-se visto a morada da vida estendendo-se para o futuro para incluir vocês em nossos sonhos e canções.

Nossas profecias nos dizem que, depois desse longo período de tempo em que os acontecimentos devastadores das Quinta e Sexta Chamas deitaram uma sombra enorme sobre nossa terra, nosso povo e nossas vidas, uma nova geração, um novo povo virá à luz. Essa nova geração rastreará seus passos, para descobrir e acolher o que se perdeu, o que se esqueceu ou ficou espalhado ao longo do trajeto do passado. Somos esses "novos seres", e estamos juntando de novo o "fardo" que foi deixado para trás. O conteúdo desse fardo é o nosso legado, a nossa dádiva a vocês — o nosso futuro.

Esse fardo contém a nossa língua, as nossas doutrinas, as nossas canções e tudo o que constitui a melhor expressão do nosso espírito criativo. Essas coisas foram recolhidas do passado e revividas de novo para nos inspirar, guiar e liderar em nosso tempo. Bem no centro desse fardo está o espírito, pois que o espírito é a "energia vital" que faz com que tudo queira viver. O espírito só conhece a gentileza, e eternamente anseia pela harmonia, pela paz e pelo amor. O espírito entesoura cada momento de sua temporada aqui, apraz-se e se rejubila ainda mais por estar neste mundo e por dar-lhe vida.

O espírito olha para adiante a fim de viver todo dia neste mundo
 ama o ritmo do pulsar do coração da mãe dentro do ventre
 alimenta o som que escorre, flui e ondula
 da corrente sangüínea que atravessa as artérias e veias
 enquanto a Mãe Terra faz o mesmo com rios, riachos, córregos
 precipitando-se acima e abaixo da superfície do solo.

O espírito se apraz na vibração e na capacidade de recuperação da carne e dos ossos
 revela-se no sentimento da vida física
 através dos muitos dedos que tocam o mundo
 usufrui as maravilhas do olho humano
 que vê cada cor de cada milagre da evolução da vida.

O espírito se encanta com a capacidade da mente ao imaginar
 ao criar conceitos de pensamentos seminais
 ao ponderar e ao sonhar.

O espírito gosta de enviar uma mensagem no vento
 gosta de cantar canções através do fluxo borbulhante da água sobre as rochas
 gosta de sentir as emoções do coração

Parábolas do Nosso Tempo

gosta de moldar seu ritmo na dança dos pés
gosta de fazer sons e imagens, cores, sensações
idéias e visões que ainda não foram sonhadas.

Saibam que o espírito é uma dádiva especial à vida; mas saibam também que essa vida física que vê, ouve, toca e sente sabor, é que é própria da visão e do som, da sensação e da paixão, é uma dádiva viva, amada e preciosa ao espírito.

Meus netos: nossa maior dádiva a vocês é que tocamos o espírito; descobrimos o coração, e o coração está cheio de bondade. Em nosso futuro, na época de vocês, seremos os "espíritos" de suas gerações passadas, com as lembranças da vida vivida. Enquanto vocês nos lembram, enquanto se preparam para nos festejar em seu lar,

cantem nossas belas canções
    para que possamos dançar à sua melodia no mundo celeste
dêem voz aos nossos ensinamentos mais sagrados
    para que possamos ouvir o conhecimento do mundo estelar
provem o amor mais profundo da vida
    para que possamos sentir o pulsar no coração do universo
amem e estimem os parentes à sua volta
    para que possamos sentir, também, o abraço querido dos entes
e quando tocarem a vida, façam isso profundamente
    para que sintamos através da ponta dos dedos de vocês
    as lembranças da beleza da terra.

Prometemos conservar-lhes viva a beleza de nossa linguagem. Faremos tudo para assegurar que vocês terão um belo lar em nossa Mãe, cercado pelos nossos parentes da terra. Brindamos para conservar as águas limpas para que o fluxo doador de vida eterna também passe através de sua vida. Construiremos nosso futuro com os fundamentos da bondade, do respeito, da verdade e da paz, para que vocês tenham bases sólidas sobre as quais erguer a morada da sua vida. Como as gerações anteriores a nós pensaram em nós, pensamos em vocês. Tocamos o espírito, e ele é eterno.

Todo o meu amor a vocês, meus netos da Oitava Chama, dedicado pelo seu tatara-tataravô, na aurora da Sétima Chama.

Onaubinisay (James Dumont)
Waubezhayshee (Marten) Clan, Nação Ojibway-Anishinabe,
Three Fires Midewiwin Lodge, Canadá

Parte 10

NÓS, o POVO

A força deles está na sua compaixão;
A luz de Deus brilha através do seu coração.
Os filhos de seus filhos irão abençoá-los,
E a obra de suas mãos haverá de perdurar.
SALMO 24 (*traduzido por*
Stephen Mitchell)

Os escritos desta seção final são orações coletivas das pessoas. Elas representam uma dádiva profundamente esperançosa do século XX para o século XXI, e para além deste. Nunca antes na história tantos de nós se juntaram com o objetivo de expressar valores que temos em comum. Por mais de cinqüenta anos, muitos milhares de pessoas em todo o mundo tomaram parte na articulação dessas afirmações. Estas palavras, escritas coletivamente e aprovadas como declarações e cartas para as Nações Unidas, para o Parlamento Mundial das Religiões, para a Conferência Mundial sobre as Mulheres, e para muitos outros objetivos coletivos — estas palavras são os fundamentos para uma ética global que está vindo à luz. Elas têm suas raízes nos grandes ensinamentos morais das tradições espirituais do mundo (tanto orientais como ocidentais), nos escritos de poetas e filósofos no correr dos séculos, e nos antigos acordos políticos do Ocidente, tais como a Carta Magna (1215), a Lei Inglesa dos Direitos (1689), a Declaração de Independência Norte-Americana (1776) e a Declaração Francesa dos Direitos Humanos (1789).

Na primeira metade do século XX, quando a Segunda Guerra Mundial estourou, Franklin Roosevelt falou das quatro formas de liberdade em que se deveria basear a sociedade mundial: liberdade de voz e expressão, liberdade de religião, estar livre da miséria e estar livre do medo. Essas formas de liberdade, ele enfatizou, eram importantes em toda parte no mundo numa base universal. Sucedendo ao imenso sofrimento dessa guerra e das lições terríveis que ela nos deu, a Carta Constitucional das Nações Unidas e, depois, a Declaração Universal dos Direitos Humanos buscaram exprimir sucintamente as normas dos direitos humanos fundamentais no contexto da comunidade. Paralelamente à ênfase sobre os direitos humanos individuais vem o reconhecimento dos direitos da comunidade. Nas palavras da Carta Constitucional das Nações Unidas, temos de estar determinados a "praticar a tolerância e a viver juntos, em paz uns com os outros como bons vizinhos".

Sobre esse fundamento, centenas de declarações e tratados têm sido formulados, no decorrer da segunda metade do século XX, ocupando-se dos direitos das crianças, das mulheres, dos índios e de todas as variadas formas de vida da natureza. É como se esse grande florescimento de preocupações éticas só se pudesse dar quando nós, na condição de espécie, tivéssemos encarado profunda e duramente o abismo de sua negação. É possível que nesse aprofundamento de nossa natureza moral — por mais que incompleto — repouse alguma redenção para a destruição que infligimos recentemente uns aos outros e ao mundo natural.

Um dos documentos mais abrangentes — uma obra ainda em andamento — é a Carta Constitucional da Terra, que está sendo desenvolvido sob os auspícios das Nações Unidas. Sua criação, que cobre a década final do século, tem envolvido a consulta de milhares de representantes de todos os continentes. Trata-se de uma tentativa de sintetizar nossa preocupação com a justiça e os direitos humanos junto ao nosso reconhecimento da sagrada dependência mútua de toda a vida. "Temos de reinventar a civilização industrial e tecnológica", diz a Carta Constitucional, "descobrindo novas formas de equilibrar o eu e a comunidade, o ter e o ser, a diversidade e a unidade, o curto prazo e o longo prazo, o uso e o abastecimento."

Essas exortações são instigantes, mas será que alguém está dando ouvidos a elas? E, o que é mais importante: existe alguém que esteja *fazendo* algo a respeito? Sem ação, os documentos representativos da Parte 10 não passam de palavras no papel. Poder-se-ia argumentar que a intenção dessas declarações é tão ignorada no mundo quanto respeitada; no entanto, a simples articulação das crenças contidas nessas declarações é um passo crítico para a sua concretização máxima. Enquanto elas buscam definir normas internacionais e entre crenças variadas, bem como valores e idéias, e enquanto aprendemos a recorrer a essas coisas quando elas são ignoradas ou desrespeitadas, essas declarações cada vez mais moldarão e orientarão nossos atos.

Dessa forma, essas afirmações formais são orações — orações que se erguem de nosso espírito coletivo — consolidando os anseios óbvios e naturais de nosso coração para que possamos, nas palavras da Carta Constitucional da Terra, "crescer numa família de culturas que aceita que o potencial de todas as pessoas se desenvolva em harmonia com a Comunidade da Terra".

extraído do preâmbulo de

A Carta Constitucional das Nações Unidas, 1945

Nós, os povos das Nações Unidas

estamos determinados a

poupar as gerações vindouras do flagelo da guerra, que por duas vezes em nossa vida trouxe uma tristeza indizível à humanidade, e a reafirmar a fé nos direitos humanos fundamentais, na dignidade e no valor humano da pessoa, nos direitos iguais dos homens, das mulheres e das nações grandes e pequenas, e

estabelecer condições em que a justiça e o respeito pelas obrigações advindas dos tratados e de outras fontes de lei internacional possam ser preservadas, e

promover o progresso social e melhor padrão de vida em liberdade maior,

e para esses fins

praticar a tolerância e a vida em comum na paz de uns com os outros como bons vizinhos, e

unir nossa força para conservar a paz internacional e a segurança além de

assegurar, por meio da aceitação dos princípios e da instituição dos métodos, que as forças armadas não serão utilizadas, exceto no interesse comum e

usar o mecanismo internacional para a promoção do avanço econômico e social de todos os povos,

resolvemos combinar nossos esforços para alcançar essas metas.

Nós, o Povo

extraído do preâmbulo da

Declaração Universal dos Direitos Humanos, Nações Unidas, 1948

Enquanto o reconhecimento da dignidade inerente e dos direitos iguais e inalienáveis de todos os membros da família humana é o fundamento da liberdade, da justiça e da paz no mundo,

Enquanto a desatenção e o desprezo quanto aos direitos humanos resultaram em atos bárbaros que ultrajaram a consciência da humanidade, e enquanto o advento de um mundo em que os seres humanos deverão usufruir a liberdade de expressão e de crença, de estar resguardado do medo e da miséria, foi proclamado como a aspiração mais elevada das pessoas comuns,

Enquanto é essencial — se homens e mulheres não se vêem obrigados a lançar mão, em última instância, da rebelião contra a tirania e a opressão — que direitos humanos sejam resguardados pela norma da lei,

Enquanto é essencial promover o desenvolvimento de relações amigáveis entre as nações,

Enquanto os povos das Nações Unidas têm reafirmado na Carta Constitucional sua fé nos direitos humanos fundamentais, na dignidade e no valor da pessoa humana, e nos direitos iguais dos homens e das mulheres, e têm-se determinado a promover o progresso social e um melhor padrão de vida em liberdade maior,

Enquanto os Estados-membros têm prometido levar a efeito, em cooperação com as Nações Unidas, o desenvolvimento do respeito universal pelos direitos humanos e pelas formas de liberdade fundamental, além da observância deles,

E *enquanto* um entendimento comum desses direitos e formas de liberdade é da maior importância para a plena compreensão dessa promessa,

Agora, portanto, a Assembléia Geral proclama esta Declaração Universal dos Direitos Humanos como um modelo comum de realização para todos os povos e para todas as nações, com o fim de que cada indivíduo e cada órgão da sociedade, sempre levando em conta esta Declaração, haverão de esforçar-se por meio do ensino e da educação para promover o respeito por esses direitos e formas de liberdade, e por meio de medidas progressivas, nacionais e internacionais, assegurar esse reconhecimento e essa observância universais e efetivos, tanto entre os próprios povos dos Estados-membros como também entre os povos dos territórios sob sua jurisdição.

* * *

Declaração das Nações Unidas dos Direitos da Criança, 1959

Princípio Um
A criança usufruirá todos os direitos apresentados nesta Declaração. Todas as crianças, sem exceção de nenhum tipo, terão acesso a esses direitos, sem distinção nem discriminação em razão de raça, cor, sexo, idioma, religião, opinião política ou outra opinião, origem nacional ou social, propriedade, nascimento ou outra condição comum, quer de si mesma quer de sua família.

Princípio Dois
A criança usufruirá proteção especial e receberá oportunidades e condições, por meio da lei ou de qualquer outro recurso, para ajudá-la a desenvolver-se física, mental, moral, espiritual e socialmente, de um modo saudável e normal e em ambiente de liberdade e dignidade. Na decretação das leis com esse objetivo, os melhores interesses da criança serão a consideração suprema.

Princípio Três
Por seu nascimento, a criança terá direito a um nome e a uma nacionalidade.

Princípio Quatro
A criança usufruirá os benefícios da segurança social, terá o direito de crescer e se desenvolver com saúde; com esse fim, o cuidado e a proteção especial serão proporcionados a ela e a sua mãe, incluindo tratamento adequado de pré-natal e de pós-natal. A criança terá direito a alimentação adequada, a abrigo, recreação e serviços médicos.

Princípio Cinco
À criança que for incapacitada física, mental ou socialmente será dado o tratamento especial, a educação e o cuidado requeridos por sua condição particular.

Princípio Seis
Para o desenvolvimento pleno e harmonioso de sua personalidade, a criança necessita de amor e compreensão. Sempre que possível, ela crescerá sob o cuidado e a responsabilidade de seus pais, e sempre numa atmosfera de afeto e de segurança moral e material: uma criança em tenra idade não será — salvo em circunstâncias excepcionais — separada da mãe. A sociedade e as autoridades públicas terão o dever de estender um

cuidado particular às crianças sem família e àquelas que não tenham meios de subsistência. É desejável uma remuneração do Estado ou outro auxílio para a conservação das crianças de famílias grandes.

Princípio Sete
A criança tem direito a receber educação, a qual será gratuita e compulsória, pelo menos no ensino fundamental. A criança receberá uma educação que lhe promoverá a cultura geral e que, com base em oportunidades iguais, a fará desenvolver suas capacidades, sua opinião pessoal, seu senso de responsabilidade moral e social, bem como a se tornar um membro útil da sociedade.

Os melhores interesses da criança serão o princípio norteador das pessoas responsáveis pela sua educação e orientação; essa responsabilidade é, em primeiro lugar, dos pais da criança.

A criança terá todas as oportunidades para brincar e recrear-se, atividades que serão dirigidas aos mesmos objetivos da educação; a sociedade e as autoridades públicas se esforçarão para promover a fruição desse direito.

Princípio Oito
A criança estará, em todas as circunstâncias, entre os primeiros a receber proteção e consolo.

Princípio Nove
A criança será protegida de todas as formas de negligência, crueldade e exploração. Não será objeto de tráfico, de forma nenhuma.

Princípio Dez
A criança estará protegida das práticas que podem fomentar a discriminação racial, religiosa ou qualquer outra forma de dis-

criminação. A criança será educada num espírito de compreensão, tolerância, amizade entre os povos, de paz e amizade universal e na plena consciência de que sua energia e suas capacidades deverão ser desenvolvidas a serviço de homens e mulheres, que são todos criaturas de Deus.

* * *

extraído da

Declaração de Kyoto
Conferência Mundial sobre Religião e Paz, 1970

A Conferência Mundial sobre Religião e Paz representa uma tentativa de unir homens e mulheres das principais religiões para discutir o problema premente da paz. Baha'is, budistas, confucionistas, cristãos, hindus, jainistas, judeus, muçulmanos, xintoístas, siques, zoroastristas e outros — nós nos unimos em paz em função de uma preocupação comum pela paz.

... Ao nos sentarmos juntos e ao nos voltarmos para os problemas da paz que nos assolam, descobrimos que as coisas que nos unem são mais importantes do que as que nos separam. Descobrimos que partilhamos:

Uma convicção da unidade fundamental da família humana, e a igualdade e dignidade de todos os seres humanos;

Um sentido de sacralidade da pessoa e de sua consciência;

Um sentido de valor da comunidade humana;

Uma compreensão de que o poder não é o direito; de que o poder humano não se basta a si mesmo nem é absoluto;

Uma crença em que o amor, a compaixão, o altruísmo e a força da verdade interior e do espírito têm, em última análise, um poder maior do que o ódio, a inimizade e os interesses mesquinhos;

Um sentido de obrigação de se postar do lado dos pobres e dos oprimidos, contrariamente aos ricos e aos opressores; e

Uma profunda esperança de que o bem finalmente prevalecerá.

extraída da

Declaração de Mount Abu

apresentada às Nações Unidas pelos líderes de quarenta nações, 1989

Como uma família global, partilhamos o mesmo e único planeta, e partilhamos as mesmas esperanças e aspirações por um mundo justo e humano; no entanto, à proporção que nos abeiramos da aurora do novo milênio, estamos preocupados com o fato de que a vida na Terra se acha ameaçada.

Nosso belo planeta depara uma crise de magnitude sem precedentes. Em muitas culturas, o tecido moral da sociedade vê-se desafiado pela violência, pelo crime, pelo vício, pela negação dos direitos humanos e da dignidade humana, bem como pela desintegração da vida familiar.

Ao mesmo tempo, nós, as pessoas do mundo, ansiamos pela paz e por um mundo melhor para nós e para nossos filhos. Como é possível que, com toda a perícia humana, com todo o talento que existe e com todas as realizações da tecnologia — como é possível que haja ainda uma pobreza opressiva, maciço consumo de armas e uma grave deterioração do ambiente?

Há muito para ser feito e muitas mãos e corações dispostos a fazê-lo. O que se requer é o espírito de cooperação e de boa vontade, a atitude do amor e do respeito de uns para com os outros, a prática do pensamento positivo e criativo, a aplicação dos valores morais e espirituais na vida diária, bem como a ação baseada na visão partilhada de um mundo melhor.

É chegada a hora de apelar para a vontade e a visão clara das pessoas:

"Uma visão sem uma tarefa não passa de um sonho
Uma tarefa sem uma visão é trabalho servil
Uma visão com uma tarefa
pode mudar o mundo."

extraída do preâmbulo aos

**Princípios de Justiça Ambiental
Cúpula de Liderança Ambiental das Pessoas de Cor,
Washington, D.C., 1991**

Nós... [somos] pessoas de cor, reunidas nesta Cúpula de Liderança Ambiental das Pessoas de Cor com o intuito de começar a formar o movimento nacional e internacional de todos os povos de cor, para lutar contra a destruição e a tomada de nossas terras e comunidades, para restabelecer por meio deste nossa interdependência espiritual quanto à sacralidade de nossa Mãe Terra; para respeitar e celebrar cada uma de nossas culturas, idiomas e crenças sobre o mundo natural, e nosso papel na cura de nós mesmos; para assegurar a justiça ambiental; para promover alternativas econômicas que contribuiriam para o desenvolvimento de modos de vida seguros em termos de ambiente; e para assegurar nossa liberdade política, econômica e cultural que tem sido negada por mais de quinhentos anos de colonização e opressão, resultando no envenenamento de nossas comunidades e da terra, bem como no genocídio de nosso povo.

* * *

extraída da

**Declaração dos Povos da Terra
Forum de Organizações
Não-Governamentais Internacionais,
Rio de Janeiro, 1992**

Nós, os participantes do Forum de Organizações Não-Governamentais Internacionais de 1992, encontramo-nos no Rio de Janeiro como cidadãos do planeta Terra para partilhar nossas preocupações, sonhos e projetos para a criação de um novo futuro para o nosso mundo. Saímos dessas ponderações com a forte impressão de que, na riqueza de nossa diversidade, partilhamos uma visão comum de uma sociedade humana baseada nos valores da simplicidade, do amor, da paz e do respeito pela vida, e de que chegamos a um consenso amplamente partilhado de que os seguintes princípios orientarão nosso contínuo esforço coletivo:

O objetivo fundamental da organização econômica é atender às necessidades básicas da comunidade, tais como alimento, abrigo, vestuário, educação, saúde e benefícios da cultura. Esse objetivo deve ter prioridade sobre todas as outras formas de consumo, particularmente em suas formas prejudiciais e destrutivas, tais como o consumismo e os gastos com as forças armadas... Outras prioridades imediatas incluem a conservação de energia, a transformação com vistas ao uso das fontes de energia solar e a conversão da agricultura em termos de práticas estáveis que diminuam a dependência quanto a *inputs* não-renováveis e ecologicamente nocivos.

Além de atender às necessidades físicas fundamentais, a qualidade da vida humana depende mais do desenvolvimento das relações sociais, da criatividade, da expressão cultural e artística, da espiritualidade e da oportunidade de ser um membro produtivo da comunidade do que do consumo cada vez maior de bens materiais. Todos, incluindo os incapacitados, devem ter todas as oportunidades de participar dessas formas de desenvolvimento.

Para a estabilidade, é essencial organizar a vida econômica em torno de economias locais descentralizadas e confiantes em si mesmas, que controlam e dirigem seus próprios recursos de produção e têm o direito de salvaguardar seus próprios modelos ambientais e sociais. Isso fortalece o apego ao lugar, encoraja a intendência ambiental, aumenta a segurança de alimento local e acomoda identidades culturais distintas. Quando os direitos e interesses da corporação entram em conflito com os direitos e interesses da comunidade, os últimos devem prevalecer.

Todos os elementos da sociedade, independentemente de sexo, classe ou identidade étnica, têm o direito e a obrigação de participar plenamente da vida e das decisões da comunidade. Os que atualmente são pobres e desfavorecidos, em particular, devem participar plenamente. As funções, necessidades, valores e conhecimento das mulheres são particularmente centrais para a tomada de decisões sobre o destino da Terra. Há uma necessidade urgente de envolver as mulheres em todos os níveis que envolvem fazer política, no planejamento e na implementação em base igual à dos homens. O equilíbrio do sexo é essencial para o desenvolvimento estável. Os povos indígenas também trazem liderança vital à tarefa de conservar a Terra e suas criaturas, e à criação de uma nova realidade global que afirma a vida. A sabedoria indígena constitui um dos recursos importantes e insubstituíveis da sociedade humana. Os direitos e contribuições dos povos indígenas devem ser reconhecidos.

* * *

preâmbulo da

**Declaração sobre uma Ética Global
Parlamento das Religiões do Mundo, 1993**

O mundo está em agonia. Esta se acha tão difundida e é tão urgente, que somos obrigados a dar nome às suas manifestações para que a profundidade desse sofrimento possa tornar-se clara.

A paz foge de nós; ... o planeta está sendo destruído; ... os vizinhos vivem com medo; ... homens e mulheres estão alheados uns dos outros; ... crianças morrem!

Isso é horroroso!

Nós condenamos os abusos cometidos contra os ecossistemas da Terra.

Condenamos a pobreza que sufoca o potencial da vida; a fome que enfraquece o corpo humano; as disparidades econômicas que ameaçam tantas famílias com a ruína.

Condenamos a desordem social das nações; o desprezo pela justiça que põe os cidadãos à margem; a anarquia que surpreende nossas comunidades; e a morte insana de crianças vítimas de violência. Condenamos em particular a agressão e o ódio em nome da religião.

Mas essa agonia não tem razão de ser.

Não tem razão de ser porque a base para uma ética já existe. Essa ética oferece a possibilidade de uma ordem individual e global melhor, afasta as pessoas do desespero e as sociedades do caos.

Somos mulheres e homens que acolheram os preceitos e as práticas das religiões do mundo.

Afirmamos que um grupo comum de valores fundamentais se encontra nas doutrinas das religiões, e que eles compõem a base de uma ética global.

Afirmamos que essa verdade já é conhecida, mas que ainda precisa ser vivida no coração e por meio das ações.

Afirmamos que existe uma norma irrevogável e incondicional para todos os aspectos da vida, para as famílias e as comunidades, para as raças, as nações e as religiões. Já existem diretrizes que são antigas para o comportamento humano, as quais são encontradas nos ensinamentos das religiões do mundo e são as condições para uma ordem mundial estável.

Nós declaramos:

Somos interdependentes. Cada um de nós depende do bem-estar do todo, e, assim, temos respeito pela comunidade dos seres vivos, pelas pessoas, pelos animais, pelas plantas, bem como pela preservação da Terra, do ar, da água e do solo.

Temos uma responsabilidade individual por tudo o que fazemos. Todas as nossas decisões, ações e a incapacidade de agir têm conseqüências.

Temos de tratar os outros como gostaríamos que os outros nos tratassem. Temos um compromisso quanto a respeitar a vida e a dignidade, a individualidade e a diversidade, para que cada pessoa seja tratada como um ser humano, sem exceção. Precisamos ter paciência e tolerância. Temos de ser capazes de perdoar, aprendendo com o passado mas nunca deixando que nós mesmos sejamos escravizados pela lembrança do ódio. Ao abrir o coração uns aos outros, temos de deixar de lado nossas pequenas diferenças pela causa da comunidade do mundo, praticando uma cultura de solidariedade e de afinidade.

Consideramos a humanidade como nossa família. Temos de nos empenhar em ser gentis e generosos. Não devemos viver apenas para nós mesmos, mas devemos servir os outros, sem esquecer as crianças, os idosos, os pobres, os que sofrem, os incapacitados, os refugiados e as pessoas sozinhas. Ninguém deve ser considerado nem tratado como um cidadão de segunda classe, tampouco ninguém deve ser explorado de forma alguma. Deve haver idêntica parceria entre homens e mulheres. Não devemos nos envolver com nenhum tipo de imoralidade sexual. Temos de esquecer todas as formas de dominação ou abuso.

Nosso compromisso é com uma cultura de não-violência, respeito, justiça e paz. Não oprimiremos, nem magoaremos, não torturaremos nem mataremos outros seres humanos, deixando de lado a violência e considerando-a um meio de ressaltar as diferenças.

Temos de buscar uma ordem social e econômica justa, em que todos têm uma oportunidade idêntica de alcançar seu pleno potencial como ser humano. Temos de falar e agir sinceramente e com piedade, dando a todos um tratamento justo e evitando o preconceito e o ódio. Não devemos roubar. Devemos ir além da dominação da ambição pelo poder, pelo prestígio, pelo dinheiro e pelo consumo a fim de criar um mundo justo e de paz. A Terra só pode ser mudada para melhor se a consciência dos indivíduos for mudada primeiro. Prometemos aumentar nossa consciência por meio da disciplina da mente, por meio da meditação, da oração ou do pensamento positivo. Sem riscos e sem predisposição ao sacrifício não pode haver nenhuma mudança fundamental na nossa situação. Portanto, nós nos comprometemos com essa ética global, a fim de entendermos uns aos outros e para logrармos modos de vida socialmente benéficos, que contribuem para a paz e de índole amigável.

Convidamos todas as pessoas, religiosas ou não, a fazer o mesmo.

extraído da

Declaração de Beijing
Quarta Conferência Mundial Sobre as Mulheres, 1995

Nós, os Governos que participam da Quarta Conferência Mundial sobre as Mulheres,

Decididos a adiantar as metas de igualdade, desenvolvimento e paz para as mulheres em toda parte no interesse de toda a humanidade,

Reconhecendo as vozes de todas as mulheres em todos os lugares e observando a diversidade de mulheres, suas funções e sua situação, e honrando as mulheres que prepararam o caminho e deram inspiração por meio da esperança na juventude do mundo,

Percebemos que a condição das mulheres progrediu em alguns aspectos importantes na década passada, mas que o progresso foi instável, que as desigualdades entre homens e mulheres têm perdurado e que continua a haver grandes obstáculos, com graves conseqüências para o bem-estar de todas as pessoas,

Também reconhecemos que essa situação é agravada em função de uma pobreza cada vez maior que está afetando a vida da maioria dos povos do mundo, em particular mulheres e crianças, com origem num domínio nacional e internacional,

E nos dedicamos inteiramente a lidar com essas limitações e obstáculos e, assim, aumentar ainda mais os avanços e o fortalecimento das mulheres em todo o mundo, concordando em que isso requer uma ação imediata, com espírito de determinação, esperança, cooperação e solidariedade agora, para que ela nos oriente no próximo século.

projeto de marco geodésico da
Carta Constitucional da Terra, 1998
*em preparação por parte de representantes
em todo o mundo, a ser adotada pelas Nações Unidas*

A Terra é o nosso lar, bem como o de todas as criaturas vivas. A própria Terra é viva. Fazemos parte de um universo em evolução. Os seres humanos são membros de uma comunidade interdependente da vida, com uma diversidade magnífica de formas vitais e culturas. Tornamo-nos humildes perante a beleza da Terra e partilhamos certa reverência pela vida e pelas fontes do nosso ser. Damos graças pela herança que recebemos das gerações passadas, e aceitamos nossas responsabilidades quanto às gerações presentes e futuras.

A Comunidade da Terra está num momento de definição. A biosfera é governada por leis que ignoramos perigosamente. Os seres humanos desenvolveram a capacidade de alterar radicalmente o ambiente e os processos de evolução. A falta de prudência e o mau uso do conhecimento e do poder ameaçam a essência da vida e os fundamentos da segurança local e global. Há grande violência, pobreza e sofrimento neste nosso mundo. É necessário uma mudança fundamental no curso das coisas.

A escolha está diante de nós: cuidar da Terra ou participar da destruição de nós mesmos e da diversidade da vida. Precisamos reinventar a civilização industrial tecnológica, descobrindo novos meios de equilibrar o eu e a comunidade, o ter e o ser, a diversidade e a unidade, o curto prazo e o longo prazo, o uso e o abastecimento. Em meio a toda a nossa diversidade, somos uma única humanidade e uma única família da Terra com um destino partilhado. Os desafios diante de nós requerem uma visão ética abrangente. As parcerias devem ser forjadas e a cooperação favorecida num nível local, bio-regional, nacional e internacional. Em solidariedade uns com os outros e com a comunidade da vida, nós, os povos do mundo, nos comprometemos com a ação orientada pelos seguintes princípios relacionados entre si:

1. Respeitar a Terra e toda a vida. A Terra, cada forma de vida e todos os seres vivos têm um valor intrínseco e um respeito legítimo, independentemente de seu valor utilitário para a humanidade.
2. Cuidar da Terra, protegendo e restaurando a diversidade, a integridade e a beleza dos ecossistemas do planeta. Quando houver risco de dano irreversível ou grave ao ambiente, precauções devem ser tomadas para impedir esse dano.
3. Viver de modo estável, promovendo e adotando modalidades de consumo, produção e reprodução que respeitem e resguardem os direitos humanos e as capacidades de regeneração da Terra.
4. Estabelecer a justiça, e defender, sem discriminação, o direito de todas as pessoas à vida, à liberdade e à segurança num ambiente adequado para a saúde humana e para o bem-estar do espírito. As pessoas têm direito à água potável, ao ar puro, à terra não contaminada e à segurança na alimentação.
5. Partilhar igualmente os benefícios do uso de recursos naturais e de um ambiente saudável entre as nações, entre ricos e pobres, entre homens e mulheres, entre gerações presentes e futuras, e ter consciência de todos os custos ambientais, sociais e econômicos.

6. Promover o desenvolvimento social e os sistemas financeiros que criam e conservam os modos de vida estáveis, erradicar a pobreza e fortalecer as comunidades locais.
7. Praticar a não-violência, reconhecendo que a paz é a completude criada por meio de relacionamentos harmoniosos e equilibrados consigo mesmo, com outras pessoas, com outras formas de vida e com a Terra.

8. Fortalecer os processos que dão condições às pessoas de participar efetivamente da tomada de decisões e de assegurar a transparência e a credibilidade no governo e na administração em todos os setores da sociedade.
9. Reafirmar que os Povos Indígenas e Tribais têm um papel vital no cuidado e na proteção da Mãe Terra. Eles têm o direito de conservar sua espiritualidade, seu conhecimento, suas terras, territórios e recursos.
10. Afirmar que a igualdade de sexo é um pré-requisito para o desenvolvimento estável.
11. Assegurar o direito à saúde sexual e de reprodução, com especial atenção a mulheres e a meninas.
12. Promover a participação da juventude como agentes confiáveis da mudança para a estabilidade local, bio-regional e global.
13. Desenvolver e pôr em prática tipos de conhecimento científico e de outra natureza, bem como tecnologias que promovam a vida estável, e proteger o ambiente.
14. Assegurar que as pessoas em toda a sua vida tenham oportunidades de adquirir o conhecimento, os valores e a perícia prática necessários para formar comunidades estáveis.
15. Tratar todas as criaturas com compaixão e protegê-las da crueldade e da destruição injustificada.
16. Não fazer ao ambiente dos outros o que não se quer que os outros façam ao nosso ambiente.
17. Proteger e restaurar lugares de notável importância ecológica, cultural, estética, espiritual e científica.

18. Cultivar e agir com sentido de responsabilidade partilhada pelo bem-estar da Comunidade da Terra. Cada pessoa, instituição e governo tem o direito de desenvolver objetivos indivisíveis de justiça para todos, de estabilidade, paz no mundo, respeito e zelo pela comunidade mais ampla da vida.

Ao acolhermos os valores nesta Carta Constitucional, podemos crescer numa família de culturas que permite que o potencial de todas as pessoas se desenvolva em harmonia com a Comunidade da Terra. Temos de preservar uma fé inabalável nas possibilidades do espírito humano e no profundo sentimento de fazermos parte do universo. Nosso melhores atos haverão de incorporar a integração do conhecimento na compaixão.

A fim de desenvolver e aprimorar os princípios nesta Carta Constitucional, as nações do mundo devem adotar como primeiro passo uma convenção internacional que faculte uma estrutura legal integrada para que exista, bem como uma lei e uma política de desenvolvimento ambiental sustentável no futuro.

ÍNDICE DE AUTORES

David Abram 31
Diane Ackerman 72
Margot Adler 148
Steve Allen 265
All Saints Convent 87
A. T. Ariyaratne 59
Angeles Arrien 176
Nadja Awad 183
Benjamin R. Barber 284
Coleman Barks 130
Ysaye M. Barnwell 252
Bartolomeu I 232
Ellen Bass 72
Martine Batchelor 119
Ishmael Beah 188
Desmond Berghofer 36
Holly St. John Bergon 126
Thomas Berry 148
Jeanette Berson 89
James Bertolino 203
Judith Billings 207
Leonardo Boff 247
Sylvia Boorstein 315
Rafael Bordao 269
Joan Zakon Borysenko 49
Rev. Alla Renée Bozarth 324
James Broughton 90
David Brower 200

Joseph Bruchac 201
Murshida Sitara Brutnell 188
Franklin Burroughs 322
Jeanetta Calhoun 189
Tony Campolo 179
Pat Cane 146
Arcebispo George L. Carey 254
Rev. Emilio Castro 40
Jocelyn Chaplin 161
Judy Chicago 275
Gurumayi Chidvilasananda 106
Fundo de Defesa da Criança 186
Chitcus 95
Bhiksuni Pema Chodron 82
Noam Chomsky 299
David Chorlton 220
Susan J. Clark 289
Elayne Clift 254
Wanda Coleman 273
Phil Cousineau 327
Gigi Coyle 290
Irmã Mary Ann Coyle 62
A. J. D. 187
O Dalai Lama 243
Kateri Damm 127
Ram Dass 150

357

Gordon Davidson 305
John Davis 111
Richard Deats 312
Mary de La Valette 73
Annie Dillard 100
Barbara Dilley 86
Diane di Prima 51
Pat Dodson 264
Richard Doiron 149
Oriah Mountain Dreamer 53
Elizabeth Dyson 293
Marian Wright Edelman 182
Riane Eisler 282
Julia Esquivel 76
Marc Estrin 92
Anwar Fazal 141
Fred Ferraris 129
Rick Fields 57
Christopher Flavin 290
Steven Foster 175
Matthew Fox 326
Frederick Franck 315
Noah Frank 170
Mitch Friedman 180
Arun Gandhi 317
John Jacob Gardiner 140
Harald Gaski 321
Damia Gates 175
John Taylor Gatto
Maria Mazziotti Gillan 226
Chellis Glendinning 208
Irmã Mary Goergen 30
Jane Goodall 47
Elizabeth Dodson Gray 213

Miguel Grinberg 304
Joy Harjo 192
Rabia Terri Harris 93
Irmã Eileen Haugh 107
Václav Havel 285
Hazel Henderson 89
Anne Hillman 74
Jane Hirshfield 115
Karen Holden 163
Mary E. Hunt 171
Daisaku Ikeda 45
Pico Iyer 142
Michelle T. Clinton 191
Rev. G. Collette Jackson 191
Rolf Jacobsen 139
Padmanabh S. Jaini 156
Joseph Jastrab 48
Palden Jenkins 60
Derrick Jensen 320
Rev. Alan Jones 261
Marie Smith Jones 181
Phoebe Ann Jones 184
Janet Kahn 113
Abade Thomas Keating 143
Gene Keller 108
Jack Kornfield 78
David C. Korten 297
Marilyn Krysl 218
Hans Küng 155
Aung San Suu Kyi 283
Winona LaDuke 301
Philip Lane, Jr. 159
Danielle LaPorte 124
Marianne Larsen 258

Índice de Autores

Jim LaVallee 94
Gary Lawless 44
Ursula K. Le Guin 190
Robert Lehman 295
Rabino Michael Lerner 303
Ondrea Levine 39
Stephen Levine 39
Arvol Looking Horse 248
John Daido Loori, Roshi 37
Chefe Oren Lyons 301
Wangari Maathai 289
Irmã Miriam MacGillis 206
Joanna Macy 170
Mairead Maguire 85
Nelson Mandela 241
Henrietta Mann 210
Bruno Manser 157
Dawna Markova 77
Clinton M. Marsh 261
Jerry Martien 125
Rev. Daniel Martin 257
Jarvis Jay Masters 78
Freya Mathews 75
Peter Matthiessen 316
Naomi Mattis 187
Federico Mayor 136
Mzwakhe Mbuli 109
Mary-Theresa McCarthy (trad.) 262
David D. McCloskey 230
Jay McDaniel 145
Ed McGaa 54
Corinne McLaughlin 305
Nancy-Rose Meeker 38

Charlie Mehrhoff 53
Tsvi Meidav 81
W. S. Merwin 275
Deena Metzger 236
Stephanie Mills 225
Irmão Maximilian Mizzi 83
Juan Antillon Montealegre 287
Daniel Abdal-Hayy Moore 119
Thomas Moore 80
Robin Morgan 259
Revmo. James Parks Morton 154
Oscar Motomura 79
Robert Muller 32
Wayne Muller 88
Chandra Muzaffar 296
Belleruth Naparstek 111
Seyyed Hossein Nasr 144
Holly Near 99
Howard Nelson 231
Diann L. Neu 215
Gunilla Norris 189
Naomi Shihab Nye 138
Vanessa L. Ochs 298
Mary Oliver 65
Pauline Oliveros 74
Laurel Olson 234
Onaubinisay 332
Simon J. Ortiz 64
Alicia Ostriker 62
don Alejandro Cirilo Perez Oxlaj 160
Martin Palmer 97
Parker Palmer 250

Anne Parker 91
Rebecca Parker 115
Irmão M. Basil Pennington 63
Rangimarie Turuki Rose Pere 31
Puran Perez 112
Anthony Piccione 177
Chath Piersath 56
Rev. Betty Pingel 174
Plum Village Community 271
Jeff Poniewaz 222
Sandra Postel 290
Daniel Quinn 219
Kiran Rana 123
Margaret Randall 242
Bernice Johnson Reagon 137
José Reissig 122
Rachel Naomi Remen, M. D. 45
Joseph Richey 58
Rev. Meg Riley 177
John Robbins 150
Libby Roderick 205
Celeste J. Rossmiller 117
Gabrielle Roth 46
Rosemary Radford Ruether 212
Irving Sarnoff 292
Rabino Zalman Schachter-Shalomi 34
Rev. Finley Schaef 294
Andrew Schelling 214
Hillel Schwartz 164
Rev. Ken Sehested 157
Alan Senauke 121

Rabino Rami M. Shapiro 319
Irmã Mary Rosita Shiosse 224
Rae Sikora 313
Karan Singh 294
Sulak Sivaraksa 249
Alan Slifka 151
David Sluyter 84
Gary Snyder 193
Malidoma Somé 162
Sobonfu Somé 162
Gary Soto 85
Kaila Spencer 186
Starhawk 216
Irmão David Steindl-Rast 136
Glenn Storhaug (trad.) 139
Xeque Mohammed Ahmad Surur 152
David Suzuki 223
Masika Szilagyi 251
Pauline E. Tangiora 173
Sonsyrea Tate 178
Nicole Thibodeaux 193
Christopher Titmuss 121
Nancy Jack Todd 211
Brian Tokar 288
Wyatt Townley 128
David Tresemer 96
Arcebispo Desmond M. Tutu 30
Amy Uyematsu 125
Kristi Venditti 172
Michael Ventura 41
Alma Luz Villanueva 116
Alberto Villoldo 228

Índice de Autores

Mary Vineyard 199
Lech Walesa 244
Alice Walker 202
Paul Watson 268
Marion Rockefeller Weber 291
David Whyte 129

Betty Williams 263
Terry Tempest Williams 234
Marianne Williamson 43
Peter Lamborn Wilson 291
Miriam Therese Winter 147
Thomas Yeomans 163

AGRADECIMENTOS

A maior parte das composições em *Orações para Mil Anos* foram escritas especialmente para este projeto, e a permissão para que fossem publicadas aqui foi gentilmente dada pelos autores, que detêm os direitos autorais. A solicitação para reeditar essas composições que foram cedidas pode ser endereçada a Elias Amidon e Elizabeth Roberts, c/o HarperSanFrancisco, 353 Sacramento Street, Suite 500, San Francisco, CA 94111.

Alguns autores, em resposta ao pedido de orações e reflexões para este projeto, enviaram escritos publicados anteriormente. Estes, paralelamente a 36 composições que foram reunidas a partir de obras publicadas, acham-se arrolados abaixo. A solicitação para reeditar qualquer uma das obras seguintes deve ser endereçada aos editores ou aos autores citados.

Deixamos patente nosso agradecimento e reconhecimento pela permissão de reeditar as composições cujos direitos autorais pertencem aos seguintes autores e editores:

Diane Ackerman. "School Prayer", de Diane Ackerman; contribuição da autora. De *I Praise My Destroyer*, de Diane Ackerman. Copyright © 1988 de Diane Ackerman. Reeditado com a permissão de Random House, Inc.

Margot Adler. De *Drawing Down the Moon*, de Margot Adler. Copyright © 1979 de Margot Adler. Reeditado com a permissão de Viking Penguin, uma divisão de Penguin Putnam Inc.

Nadja Awad. "Vision of a River", de Nadja Awad. Poesia Finalista de "River of Words" de 1998. Quinze anos, Sana'a International School, Yemen. Copyright © de "River of Words Project". Reeditado com permissão.

Bartolomeu I. Excerto do discurso feito por Bartolomeu I no Simpósio sobre o Caráter Sagrado do Ambiente, 1997. Reeditado com a permissão do Ecumenical Throne.

Holly St. John Bergon. Excerto de "Of Rain Forests and Rivers," de Holly St. John Bergon. Copyright © de Holly St. John Bergon. De *Terra Nova*. Reeditado com a permissão de MIT Press Journals.

Wendell Berry. Excertos de "Feminism, the Body, and the Machine" de *What Are People For?* de Wendell Berry. Copyright © 1990 de Wendell Berry. Reeditado com a permissão de North Point Press, uma divisão de Farrar, Straus & Giroux, LLC.

David Budbill. "Bugs in a Bowl", de David Budbill; contribuição do autor. Copyright © 1999 de David Budbill. De *Moment to Moment: The Autobiography of a Mountain Recluse*. Reeditado com a permissão de Copper Canyon Press.

Jeanetta Calhoun. Excerto de "Storyteller", de Jeanetta Calhoun. De *The Colour of Resistance*, p.97. Copyright © 1993 de Jeanetta Calhoun. Reeditado com a permissão de Sister Vision Press.

Judy Chicago. Excerto de *The Dinner Party*, de Judy Chicago. Copyright © 1979 de Judy Chicago. Reeditado com a permissão de Through the Flower.

Gurumayi Chidvilasananda. Poema cedido pelo autor. Copyright © 1999 de SYDA Foundation®. Todos os direitos reservados. Reeditado com a permissão de SYDA Foundation.

Fundo de Defesa da Criança. De *Guide My Feet* de Marian Wright Edelman. Copyright © 1995 de Marian Wright Edelman. Reeditado com a permissão de Beacon Press.

Pema Chodron. Contribuição do autor. De *When Things Fall Apart* de Pema Chodron, © 1997. Reeditado com a anuência de Shambala Publications, Inc.

Susan J. Clark. Excerto de "The New Progress," de Susan J. Clark. De *Celebrating Earth Holy Days*, p. 63. Copyright ©

1992 de Susan J. Clark. Reeditado com a permissão de The Crossroad Publishing Company.

Elayne Clift. "I Listen and My Heart is Breaking," de Elayne Clift. De *Demons Dancing in My Head: Collected poems 1985-1995*. Copyright © 1995 de Elayne Clift. Reeditado com a permissão da autora.

Kateri Damm. "Why This Woman," de Kateri Damm. De *The Colour of Resistance*. Copyright © 1993 de Kateri Damm. Reeditado com a permissão de Sister Vision Press.

Annie Dillard. Excerto de *Teaching a Stone to Talk*, de Annie Dillard. Copyright © 1982 de Annie Dillard. Reeditado com a permissão de HarperCollins Publishers, Inc.

Diane di Prima. "A Prayer for the Rod," de Diane di Prima. Copyright © 1998 de Diane di Prima; contribuição da autora. Todos os direitos reservados. Reeditado com a permissão da autora.

Marian Wright Edelman. Excerto de *Guide My Feet*, de Marian Wright Edelman. Copyright © 1995 de Marian Wright Edelman. Reeditado com a permissão de Beacon Press.

Matthew Fox. "Prologue: A New Creation Story," de *Creation Spirituality: Liberating Gifts for the Peoples of the Earth* de Matthew Fox; contribuição do autor. Copyright © 1991 de Matthew Fox. Reeditado com a permissão do autor.

Noah Frank. "I Want to Be," de Noah Frank. Vencedor do National Grand Prize do "River of Words" 1998. Segunda série, Escola Primária Lakeshore, São Francisco, CA. Copyright © de "River of Words Project". Reeditado com permissão.

Damia Gates. "I Am," de Damia Gates. Poesia Finalista do "River of Words" 1998. Quarta série, Escola Primária Allendale, Pasadena, CA. Copyright © de "River of Words Project". Reeditado com permissão.

Maria Mazziotti Gillan. De *Where I Come From: New and Selected Poems* (Guernica, 1995, 1997). Copyright © 1995 de

Maria Mazziotti Gillan; contribuição da autora. Reeditado com a permissão da autora.

Joy Harjo. "Remember," de Joy Harjo. De *She Had Some Horses*. Copyright © 1993 de Joy Harjo. Reeditado com a permissão da autora.

Václav Havel. Excerto de *Letters to Olga*, de Václav Havel, p. 369. Copyright © 1989 de Václav Havel. Reeditado com a permissão de Henry Holt & Co.

Anne Hillman. Excerto de *The Dancing Animal Woman — A Celebration of Life*, de Anne Hillman. Copyright © 1994 de Anne Hillman. Reeditado com a permissão da autora. Publicado por Bramble Books, Las Vegas, NV.

Jane Hirshfield. "Jasmine," de *The Lives of the Heart* de Jane Hirschfield. Copyright © 1997 de Jane Hirshfield. Reeditado com a permissão de Michael Katz.

Rolf Jacobsen. "When They Sleep," de Rolf Jacobsen; traduzido por Glen Storhaug. De *Night Open: Selected Poems of Rolf Jacobsen*, p. 83. Copyright © 1993 de Rolf Jacobsen. Reeditado com a permissão de Glen Storhaug. Publicado originariamente in *Hemmelig Liv* por Gyldendal Norsk Forlag ASA.

Marilyn Krysl. "Why You Can't Sleep," de Marilyn Krysl; contribuição da autora. Copyright © de Marilyn Krysl. Reeditado com a permissão da autora.

Aung San Suu Kyi. Excerto de "Towards a Culture of Peace and Development", de Aung San Suu Kyi. Extraído de *Yes to a Global Ethic*. Copyright © 1996 de Aung San Suu Kyi. Reeditado com a permissão de The Continuum Publishing Company.

Marianne Larsen. "Ordinary Human Arms," de Marianne Larsen. Copyright © 1994 de Marianne Larsen. Extraído de *Poetry Like Bread*. Reeditado com a permissão de Curbstone Press.

Ursula Le Guin. "Initiation Song from the Finders Lodge," de *Always Coming Home*, de Ursula Le Guin. Copyright © 1985 de Ursula Le Guin. Reeditado com a permissão da autora e da Virginia Kidd Agency, Inc.

Denise Levertov. Extraído de "Beginners," in *Candles in Babylon* (Nova York: New Directions Publishing Corp., 1982).

Mzwakhe Mbuli. "Now is the Time," de Mzwakhe Mbuli. Extraído de *Before Dawn*. Copyright © 1980 de Mzwakhe Mbuli. Reeditado com a permissão de Lester Brown & Associates.

Bill McKibben. Excerto de *Hope, Human and Wild*, de Bill McKibben; contribuição do autor. Copyright © 1996 de Bill McKibben. Reeditado com a permissão de Little, Brown and Co.

W. S. Merwin. "Thanks," de W. S. Merwin. Extraído de *The Rain in the Trees*. Copyright © 1988 de W. S. Merwin. Reeditado com a permissão de Georges Borchardt, Inc.

Stephanie Mills. Excerto de *In Service of the Wild: Restoring and Reinhabiting Damaged Land*, de Stephanie Mills; contribuição da autora. Copyright © 1995 de Stephanie Mills. Reeditado com a permissão de Beacon Press.

Stephan Mitchell. "Psalm 24" de *A Book of Psalms* de Stephan Mitchell. Copyright © 1993 de Stephan Mitchell. Reeditado com a permissão de HarperCollins Publishers.

N. Scott Momaday. Extraído de *In the Bear's House*, de N. Scott Momaday, página 33; contribuição do autor. Copyright © 1999 de N. Scott Momaday. Reeditado com a permissão de St. Martin's Press, Inc.

Pablo Neruda. Extraído de *2000* de Pablo Neruda. Copyright © 1992 de Pablo Neruda. Traduzido para o inglês por Richard Schaaf. Reeditado com a permissão de Azul Editions.

Vigésimo Terceiro Salmo das Freiras. Extraído de *Guide My Feet* de Marian Wright Edelman. Copyright © 1995 de Marian Wright Edelman. Reeditado com a permissão de All Saints Convent, Catonville, Maryland.

Sharon Olds. "Summer Solstice, New York City" de Sharon Olds; contribuição da autora. Extraído de *The Gold Cell*. Copyright © 1987 de Sharon Olds. Reeditado com a permissão de Alfred A. Knopf, Inc.

Mary Oliver. "The Journey," de Mary Oliver. Extraído de *Dream Work*. Copyright © 1986 de Mary Oliver. Reeditado com a permissão de Grove/Atlantic, Inc.

Simon Ortiz. Extraído de *Woven Stone* de Simon Ortiz, University of Arizona Press. Copyright © 1992 de Simon Ortiz. Reeditado com a permissão do autor.

Alicia Ostriker. "A Prayer to the Shekhina," de Alicia Ostriker. Copyright © 1994 de Alicia Ostriker; contribuição da autora. Extraído de *The Nakedness of the Fathers: Biblical Visions and Revisions*, Rutgers University Press, 1994. Reeditado com a permissão da autora.

Marge Piercy. "To Be of Use," de Marge Piercy. Extraído de *Circles on the Water*. Copyright © 1973, 1982 de Marge Piercy & Middlemarsh, Inc. Publicado em Circles of Water: Selected Poems of Marge Piercy, Alfred A. Knopf, 1982. Usado com a permissão da Wallace Literary Agency, Inc. Reeditado com a permissão de Alfred A. Knopf, Inc.

Sandra Postel e Christopher Flavin. "Reshaping the Global Economy. Extraído de *Celebrating Earth Holy Days*. Copyright © de Sandra Postel e Christopher Flavin. Reeditado com a permissão de The Crossroad Publishing Company.

Daniel Quinn. Extraído de *Providence: The Story of a Fifty-Year Vision Quest*; contribuição do autor. Copyright © 1996 de Daniel Quinn. Reeditado com a permissão de Bantam Books, uma divisão da Random House, Inc.

Finley Schaef e Elizabeth Dyson. Extraído da declaração de uma visão para North American Coalition for Christianity and Ecology (NACCE). Copyright © de Finley Schael e Elizabeth Dyson. Reeditado com a permissão dos autores.

Irmã Mary Rosita Shiosse. "A Liturgy for the Earth," da Irmã Mary Rosita Shiosse. Extraído de *Celebrating Earth Holy*

Days. Copyright © da Irmã Mary Rosita Shiosse. Reeditado com a permissão de The Crossroad Publishing Company.

Gary Snyder. "In the Next Century," de Gary Snyder. Extraído de *Turtle Island*. Copyright © 1974 de Gary Snyder. Reeditado com a permissão de New Directions Publishing Corp.

Starhawk. "Declaration of the Four Sacred Things," de Starhawk; contribuição da autora. Extraído de *The Fifth Sacred Thing* de Miriam (Starhawk) Simos. Copyright © 1993 de Miriam Simos. Reeditado com a permissão de Bantam Books, uma divisão da Random House, Inc.

Masika Szilagy. "Ten Thousand Years" extraído de *The Holy Book of Women's Mysteries* de Masika Szilagy. Copyright © da irmã Zsuzsanna Budapest, www.netwiz.net.

Nicole Thibodeaux. 1996 "River of Words" Ganhador do Primeiro Prêmio, Segundo Colegial. Taos High School, Pilar, NM. Copyright © de "River of Words Project". Reeditado com permissão.

Nguyen Cong Tru. Extraído de *The Miracle of Mindfulness*, de Thich Nhat Hanh. Copyright © 1975 de Thich Nhat Hanh.

Amy Uyematsu. Excerto de "Stone, Bow, Prayer," de Amy Uyematsu; contribuição da autora. Copyright © 1998 de Amy Uyematsu. O poema foi publicado integralmente por *Luna*.

Michael Ventura. Extraído de *The Sun*, novembro de 1997. Copyright © 1996 de Michael Ventura. Reeditado com a permissão do autor.

Alma Luz Villanueva. "Dear World," de Alma Luz Villanueva. Extraído de *Desire*, página 138, contribuição da autora. Copyright © 1998 de Alma Luz Villanueva. Reeditado com a permissão de Bilingual Press/Editorial Bilingüe, Arizona State University, Tempe, AZ.

Alice Walker. "We Have a Beautiful Mother," extraído de *Her Blue Body. Everything We Know: Earthling Poems, 1965-1990*. Copyright © 1991 de Alice Walker. Reeditado com a permissão de Harcourt Brace and Company.

Women's Environment and Development Organization (WEDO). "A Women's Creed, The Declaration of the Women's Global Strategies Meeting," 1994, escrito por Robin Morgan, com a colaboração de Perdita Huston, Sunetra Puri, Mahnaz Afkhami, Diane Faulkner, Corrine Kumar, Simla Wali e Paola Melchiori.

David Whyte. "Enough," de David Whyte. Extraído de *Where Many Rivers Meet*. Copyright © 1990 de David Whyte. Reeditado com a permissão de Many Rivers Press.

Um grande esforço foi realizado para localizar os detentores dos direitos autorais e para desfazer dúvidas quanto à permissão para a reedição. Se algum agradecimento foi omitido, ou se qualquer direito autoral foi esquecido, os editores se sentirão agradecidos por essa notificação, que lhes facultará retificar qualquer omissão nas futuras edições.

ELIZABETH ROBERTS, Ed.D., e ELIAS AMIDON são defensores conhecidos da justiça social e do despertar espiritual. Atuam no corpo docente do Naropa Institute e lideram cerimônias de ritos de passagem, retiros espirituais e programas de transformação nos Estados Unidos, na Europa e no sudeste da Ásia. Juntos publicaram *Earth Prayers* e *Life Prayers*.

NA PLENITUDE DA ALMA

Joan Borysenko, Ph.D.

"Joan nos leva em uma jornada orientada rumo ao nosso despertar pessoal. Um livro forte, de estilo impressionante. Gostei demais."

Wayne Dyer, autor de *You'll See It When You Believe It*

"Com eloqüência e elegância, *Na Plenitude da Alma* vai mudar você e o seu mundo para sempre."

Deepak Chopra, M.D., autor de *Unconditional Life, Quantum Healing* e *Perfect Healing*

"Nem me lembro mais quando fiquei tão comovido com um livro. As experiências pessoais são profundamente tocantes, as discussões substanciais e informativas, a sabedoria é profunda. Recomendo-o de todo o coração."

Willis Harman, Institute of Noetic Sciences

"Um livro eletrizante sobre cura interior escrito por uma das maiores agentes de cura e uma das mais sábias guias espirituais da atualidade. Um livro que *vem* do coração e *é para* o coração."

Larry Dossey, autor de *Reencontro com a Alma*, publicado pela Editora Cultrix, São Paulo

"Joan Borysenko ilumina apaixonadamente novas trilhas para o nosso desenvolvimento humano ... Ela nos convida a despertar para a verdade de quem somos e para o que viemos fazer e ser aqui. Amo este livro."

Jacquelyn Small, autora de *Awakening in Time* e *Transformers*

EDITORA CULTRIX

RECEITAS DE FELICIDADE
Ken Keyes Jr. e Penny Keyes

Este livro ensina como viver melhor, independentemente do que os outros possam dizer ou fazer. As três receitas de felicidade que ele propõe mostram como depende de você — e só de você — viver num estado de permanente felicidade, ajudando-o a harmonizar seu relacionamento com as pessoas e a aumentar a emoção de viver.

Estas *Receitas de felicidade* podem representar um primeiro passo para tornar mais rica a sua vida, ajudando-o a alcançar níveis mais elevados de energia, de discernimento, de amor e, principalmente, da mais pura alegria.

* * *

Ken Keyes Jr., o autor, é o fundador da *Sciences of Happiness* e do *Ken Keyes College*. O objetivo de seu trabalho é colocar ao alcance de todos técnicas simples mas eficazes para ajudar as pessoas a resolver mais facilmente os problemas que têm de enfrentar no seu dia-a-dia.

Penny Keyes, sua mulher, trabalha em estreita colaboração com o marido, ajudando-o em seus escritos e nos cursos de fim de semana ou de longa duração ministrados em sua instituição. Os seminários por eles organizados possibilitaram a milhares de pessoas, vindas de diversas partes do mundo, a descoberta da força renovadora do amor.

EDITORA PENSAMENTO

CERIMÔNIAS DE TRANSFORMAÇÃO

Rituais que você mesmo pode criar para celebrar e transformar a sua vida

Lynda S. Paladin

Este livro responde a um anseio contemporâneo. Ele reacende e revitaliza uma das mais naturais e necessárias atividades humanas: a participação ativa, por intermédio de cerimônias e de rituais, no processo de criação e manifestação. Ele trata do ritual dinâmico e inovador — da celebração criativa de mitos.

Neste livro inovador, Lynda Paladin oferece-nos uma visão geral de símbolos e enredos, visando à expressão e ao reconhecimento de nossas aspirações e nossos louvores. Ele nos orienta quanto ao preparo e ao desempenho de nossas próprias histórias individuais e coletivas, pois um dos maiores desafios com que nos defrontamos, seja do ponto de vista cultural, seja individual, é a necessidade de criar cerimônias significativas em nossa vida social e pessoal. Nossa mente precisa religar-se com o nosso espírito.

Cerimônias de Transformação nos dá uma estimulante síntese da sabedoria antiga, de tradições temperadas pelo tempo, elementos contemporâneos e liberdade criativa para criar os nossos próprios rituais e cerimônias de passagem.

Enfim, um livro moderno e indispensável para quem quer compreender o valor sagrado dos rituais e dos símbolos na transformação da consciência.

EDITORA PENSAMENTO

O ATLETA INTERIOR
COMO ATINGIR A PLENITUDE DO SEU POTENCIAL FÍSICO E ESPIRITUAL

Dan Millman

Dentro de cada um de nós há um atleta natural esperando para nascer.

Este novo livro de Dan Millman mostra como aprimorar habilidades, acelerar a aprendizagem e fazer uso do seu potencial — não apenas nos esportes como na vida diária —, transformando o treinamento num caminho de crescimento e de descoberta pessoal.

Dan Millman é ex-campeão mundial de trampolim, ginasta incluído no *Hall of Fame*, treinador e professor universitário. Seus livros têm inspirado milhões de leitores.

* * *

Os dicionários definem um atleta como "alguém que se envolve ou compete em exercícios ou jogos de agilidade, de força, de resistência física etc." A arena do atleta *interior* tem uma significação e um escopo bem mais amplos. Além de praticar habilidades físicas, os atletas interiores desenvolvem qualidades mentais e emocionais que, ao contrário da maioria das habilidades físicas especializadas, podem aplicar-se a todos os aspectos da vida.

Este livro serve a um duplo propósito: em primeiro lugar, para oferecer princípios, perspectivas e práticas concebidos para ampliar o escopo do treinamento interior; e, em segundo, para ajudar o leitor a alcançar a excelência no seu campo de atividade, seja ele qual for.

EDITORA PENSAMENTO

DESCOMPLICANDO A VIDA

Histórias de Esperança e de Coragem, Inspiração e Sabedoria

Michael J. Roads

Este livro contém uma seleção de histórias inspiradoras de calorosa simpatia, histórias engraçadas e profundamente comoventes, extraídas das aventuras e desventuras do casal Michael e Treenie Roads. Empenhados na busca de significado e de liberdade em suas vidas, eles descobrem, nas situações mais rotineiras do dia-a-dia, que muitas vezes as respostas são desconcertantemente simples.

"Para a maioria de nós — afirma Michael Roads na introdução — a vida é agitada, perpetuamente agitada. A correria diária, para nós que temos de enfrentar ônibus, trens e metrô, põe nossos nervos à prova, e o ritmo que temos de seguir, bem como os problemas que temos de suportar no trabalho exercem sobre nós uma pressão diária. Por outro lado, complicações da vida familiar consomem todo o tempo livre que conseguimos conquistar para nós. E ficamos tão ocupados, tão pressionados, tão intensamente emaranhados na pressa global que agita a vida que nos esquecemos do poder de tudo o que é simples. Este livro é um lembrete."

* * *

Michael J. Roads nasceu no Reino Unido e emigrou para a Austrália com sua esposa, Treenie, em 1964. O casal dedicou-se à agricultura na Tasmânia, ilha situada ao sul do continente australiano. Depois de alguns anos de prática, Michael tornou-se um perito em agricultura orgânica e um consultor muito respeitado nesse ramo de atividade. Fundadores da Comunidade Homeland inspirada no modelo de Findhorn, da Escócia, Michael e Treenie moram hoje em Queensland, na Austrália.

EDITORA PENSAMENTO